MBTI

MBTI

掌握人心的

MBTI
職場溝通術

讓你開口說對話、提案一次過、贏得好人緣的16型人職場指南

白種和——著　　張雅眉——譯

MBTI 能帶你看見

一個人的過去、現在以及未來。

認識人的強大工具
——MBTI

雖然有很多探討 MBTI 的書，但卻很少有討論如何在職場上運用 MBTI 的書籍。之所以會有這樣的現象有各種原因，但主要是因為大家誤以為 MBTI 只是一種簡單的娛樂性工具。

我們將 MBTI 當作探索人際關係的工具，例如：「我是○型，我的朋友和家人是○型，所以我們很合（或不合）」，大多是從這樣的觀點切入去使用 MBTI。不過，其實有一些方法可以發揮 MBTI 的實用性，對工作和生活帶來正向的影響。

一、作為理解自己的工具。

二、作為理解同事的工具。

三、要與同事達成共同的目標時，可以用來找出活用彼此優勢和弱勢的方法。

首先要向閱讀本書的讀者坦白一件事，那就是筆者並非傑出的「MBTI 專家」。當然，我學習了 MBTI 專業課程，而且也取得了講師的證照，但我身邊就有許多比我更專業地使用

MBTI 的專家。如果是平常，我應該會以更輕鬆的態度來寫文章，不過我這次的心態稍微有些不同。「讀者會不會因為我的書對 MBTI 有錯誤的認知？我會不會無意中散播了偏見？」我一邊擔心著這些，用比平常慎重許多倍的心態撰寫這本書。

那麼，自認為不是專家的人為什麼要寫這本書？雖然有很多從學術角度研究和學習 MBTI 的專家，但我具備了一項與他們不同的最大優勢，那就是「現場經驗」。我在第一個職場待了十六年，後來學習了 MBTI 招聘運用、MBTI 領導力開發以及根據 MBTI 設計的成長方法，並且獲得了能夠實際運用的機會。於是我花了許多時間研究，在新創公司中不同 MBTI 類型的工作方式差異、活用 MBTI 的團隊和組織文化之開發以及職涯發展等內容，與各種類型的人見面，將理論套用到實戰當中。因此，關於 MBTI 運用在領導力、組織文化以及職場這一塊，我相當有自信。

我人生的 MBTI

我也不是一開始就對 MBTI 很有興趣。許多人最初接觸到 MBTI 似乎都是透過學校的職涯探索課程。我第一次接觸到 MBTI 也是在大學的時候，當時我的 MBTI 類型是 ESFJ。後來在大學畢業之前，我在衣戀集團（E-LAND）的實習課程中測出 ESTJ，進入公司後又在新人培訓課程上測出 ISTJ。人們

通常都是在這類情況下接觸到 MBTI，而且認知大多停留在：
「喔，這個部分和我滿像的，這個部分好像不一樣耶？」

　　不過，我後來獲得了能更深入使用 MBTI 的機會。2007
年，我在人才開發組擔任新進人員培訓課程的組長之後，我正
式在工作現場使用 MBTI。雖然之前我作為一名講師，已經累
積了觀察職員、舉辦工作坊的相關經驗，但很可惜的是當時的
我尚未取得「MBTI 國際認證講師」專業證照，而是向公司內
部有 MBTI 講師證照的前輩學習，並根據學習的內容來舉辦工
作坊的。因此，比起分享對 MBTI 的深刻理解，更多是停留在
強調 MBTI 趣味的層面。那時期我的引導僅限於「每個人都非
常不同」、「我們的主管是這個類型」。現在回想起來，對當
時與我一起參與工作坊的新進人員非常抱歉。因為我作為一名
講師，向他們傳達了自己對 MBTI 的錯誤理解。

　　後來我正式接受專業的課程，MBTI 成為了幫助我更深
入理解人的工具。在衣戀集團裡我除了 MBTI 之外，還使用
了名為「StrengthsFinder」的蓋洛普（Gallup）優勢測驗，以
及分析溝通模式的「COMM.Style」和分析人類行動傾向的
「DISC」等多樣化的工具，來分析個人的長處和弱點，並將
分析數據作為基礎，投入在人力資源的使用上。我在這過程中
得以對數千名職員跟數百名主管的特質，與他們所擔任職務之
間的關聯性進行分析，並且也能將我的觀察投入到培訓中。在
MBTI 的專業使用者中，我擁有數不清的機會，可以在現場親

身體驗無數多人的共同點及差異。

這時，我感受到的是「每個人都非常不同」以及「那個不同中有模式可循」。許多人都以為 MBTI 只有十六種類型，但這是對 MBTI 的誤解。舉例來說，MBTI 也有許多種測驗版本，一般最常使用的「MBTI Form M」是利用 93 個問題來獲取少數模式化的結果，但是如果用有 144 個問題的「MBTI Form Q」來測驗，我們能看到的就不只是十六種模式，而是超過五十億個關於個人特有行為的數據。MBTI Form Q 有另一個名為「子維度」的概念，會再分析出每個維度中具體的五項行為表現，意即就算一樣是 ISTJ，不同人測出來的各個子維度也不可能完全相同。我使用 MBTI 已經長達十五年以上，目前還未曾見過和我一模一樣 MBTI 類型的人，這就是證據之一——也就是說，每個人都是獨一無二的。

從結論來看，如果使用能分析出個人特質的 MBTI Form Q 來進行測驗，就能像人物簡介那樣，將個人特質完整的呈現出來。

從各式各樣的 MBTI 中發現「模式」

再次強調，MBTI 在許多不同結果中，依然能呈現出特定的模式。一旦理解了那個模式，就能主動調整自己的行為，取得自己想要的成果，也能自行調整自己成長的速度。

我之所以使用 MBTI，是因為這是最容易理解自己的工具，同時也是越思考就越能深入認識自己的工具。除此之外還有一項優點——MBTI 是許多人都知道的工具，所以不僅是接受過專業教育的我，其他人也能用共同的語言來對話。舉例來說，像 DISC 或蓋洛普優勢測驗雖然都是很好的工具，知道的人卻不多，所以在和別人討論之前需要先花時間去瞭解，但是 MBTI 相當普遍，就連我唸國中的女兒都能馬上跟我聊。

　　另外，目前仍有許多專門的研究機構和專家在進行 MBTI 的相關研究，因此往後將會有越來越深入的知識能跟大眾共享。自 2020 年起，我的女兒每年都會參加縱貫研究[1]，研究內容主要是在追蹤孩子於成長過程中 MBTI 的變化。許多年之後在韓國，我們或許能藉由 MBTI 看見在美國或海外研究中那種長期的縱貫研究結果。

　　然而，MBTI 的普及也導致大眾對 MBTI 普遍有許多誤解，這一點我每次在舉辦 MBTI 的工作坊或是演講的時候都有所察覺。我撰寫本書的動機也是想要解開大眾對 MBTI 的誤會，同時也希望 MBTI 能跳脫單純的娛樂性質，成為在職場上能實際運用的工具。

　　我在超過十五年的時間當中，學習了領導能力和組織文

1　指針對相同的個人或團體，在不同的年齡或發展階段，連續觀察其發展情形的長期性研究。

化，並且以此為業，同時也是一名幫助個人和組織成長的教練，MBTI 是一個能教導我們如何理解人的強大工具，關於這項工具的活用方法，我堅信自己擁有其他專家沒體驗過的經驗。因此，本書的重點不在於傳達 MBTI 相關的深刻知識，而是在於「在職場中如何使用 MBTI，才會對我、同事以及團隊有幫助？」我之所以像這樣使用 MBTI 將個人的長處、領導能力、組織文化以及職涯發展放在一起討論，是出於「如果我稍微多理解自己、理解與我共事的人，或許我就能變得更幸福」的想法。希望讀者在閱讀本書時，也能從「該如何利用 MBTI 來幫助我的職場和生活獲得更多成長」的角度切入，拿起筆來，與我一起記錄你自己和你的同事吧。

白種和

2022 年冬天

目錄

第一章

職場人爲什麼要
認識 MBTI？

E 人和 I 人的美好早晨

理解自己天生的設定是成功的要素

　　在這個世界上，每個人都想做好自己正在做的事。其中，職場上有人擔任行銷或者業務人員，有人擔任 HR，有人是 CEO 或組長。不過，有人曾經想過在家庭中扮演好爸爸、好媽媽，或是扮演好兒子、好女兒的人，該具備什麼樣的特質嗎？大概沒有人想過。

　　本書著重的內容在於為何有些人擅長這些工作，而有些人不擅長之間的「差異」。當然，與生俱來的能力差異並不在本書的討論範圍內。舉例來說，A 擁有一百個才能，但他只發揮了其中五十個，而 B 雖然只有七十個才能，卻發揮了六十個。在這兩個人當中，誰的工作表現更為卓越？當然是 B。我覺得人之所以能成長並獲得成功的關鍵或許就在這裡，也就是「正確」瞭解自己天生具備的才能。因為越瞭解自己，就越能好好發揮，這是恆久不變的真理。

　　怎樣的人能被稱作「優秀人才」？我認為，如果能找到這個問題的答案，不論是個人還是組織，都能在持續成長的過程

中，做出一番成果來。本書中欲探討的主題之一為「理解自己天生的設定，就是優秀人才的特徵」。優秀人才能夠客觀且明確地分辨自己的長處和弱點。此時的關鍵在於「分析自己的工作特質，該特質可能會受到自己天生的優勢和弱勢影響，也可能會影響自己天生的優勢和弱勢」。

試著想像一下，如果你屬於銷售部門。一般來說，從事銷售的人需要認識新的人，向他們介紹自己的產品和服務。有時會親自拜訪，有時是顧客來訪，有時也要打電話主動認識陌生人。因此，我們都覺得業務員的特徵就是喜歡跟人見面、擅長說話。

然而，假如進入業務部門的員工是對認識新的人、與他人談話感到負擔的內向者，狀況會變得如何？與初次見面的人對話時會怕生，偏好靜態活動的內向者能在業務部門成為優秀人才嗎？關於這個問題雖然答案不只一個，但光是簡單想像，就能預測內向者很難藉由跟陌生人親自介紹產品和服務的方式，來獲得卓越的工作成果。如果朝這個方向思考，內向者所具備的特質確實很難讓他成為頂尖的銷售專家。

這表示內向者絕對無法成為最頂尖的銷售專家嗎？絕對不是，而是要找到適合內向者的銷售方式。

內向者獨特的銷售策略

對內向者來說，比起多數不認識的人，與一小部分跟自己建立緊密關係的人溝通是比較舒服的。另外，比起開口對話，用文字陳述對內向者來說也比較輕鬆。當內向者瞭解這些特質後，就能夠找出適合自己的銷售方式。

❶ 以 VIP 客戶為主

比起與多數陌生人見面，內向者更適合面對能密切管理、客單價較高的優質客戶進行銷售。帶給少數顧客高度的滿足感，是內向者更擅長的方法。

❷ 經由熟人或朋友引薦

內向者與朋友推薦的人聯絡並談話時，比較不會那麼不舒服。所以就算是初次見面，也能更輕鬆地談話，有時還能以「共同友人」作為談話的媒介。

❸ 用文字表達

對內向者來說，更新部落格或是藉由社群媒體、影音等方式來介紹產品和服務，會比親自面對面說明更容易。最近因為疫情，「零接觸銷售」因而活躍起來。我在與某大企業的汽車業務部門開會時，發現利用社群媒體的內向型銷售方式，在市場上已經變得相當活躍。

成為優秀人才意味著在工作上取得卓越的成果，同時也代

表你必須持續創造出好的成果，而且成果的幅度還要越來越大。這是因為我們累積越多的經驗和資歷，組織和同事對我們的期待就會越來越高。也就是說，唯有不停滯於當下這個時刻，而是持續地成長，同時正確理解職務內容與自身能力、個性特質，並且將這些妥善連結起來的人，才能獲得「優秀人才」這樣的稱號。在這當中，MBTI 是幫助你理解自己的工具，也是找出更適合的工作方式的指南針。

MBTI 並非正解

「MBTI 並非正解」這句話的意思是 MBTI 不會判斷「對錯」，我會用「偏好（Preference）」和「不偏好（Non-Preference）」這兩個詞彙來取代。舉例來說，外向者的特質之一是「偏好用言語表達」，這可以解釋為外向者在溝通時，覺得用「言語」講出來比較輕鬆、自然且容易。另外，外向者認為用言語溝通是很理所當然的事，也覺得這個方式更快速。相反的，內向者具備「偏好用文字表達」的特質，他們認為用「文字」溝通更舒適、自然且容易，也覺得用文字溝通很理所當然且更為精確。我們稱這種現象為「偏好」。每個類型都會偏好自己熟悉的行為，相反的也會不偏好另一個類型的行為。

內向者覺得熟悉且舒適的行為，外向者可能會覺得生疏、尷尬、不舒服、更費心思，也就是說當他做這些行為時，會覺

得有些困難，學起來也比較慢。相反的，外向者覺得舒服的行為，對內向者來說就會是不偏好的行為。

偏好（Preference）	不偏好（Non-Preference）
・舒適 ・自然 ・能輕鬆做到 ・覺得理所當然 ・學得很快	・不舒適 ・尷尬 ・困難 ・焦慮 ・學得很慢

因此，針對與自己相反類型的人所採取的行動，不能用「對與錯」來評價，而是應該理解成「原來他跟我不同，原來那個人的行為讓我不舒服」。

所以，MBTI 並非分辨好壞的工具，也不是用來比較誰更優秀的工具，它只不過是幫助我們找出自己先天具備的偏好和不偏好，這些特質雖然是與生俱來的，但也會受到生長環境的影響而稍微產生變化。

你的 MBTI 不只一個

「MBTI 的結果是真的我嗎？」

這是我在使用 MBTI 時經常會聽到的問題。在回答這個問題之前，我想先討論看看「最瞭解你的人是誰」。許多見過我的人都說我是「外向型」，因為我常在數十、數千人面前演講，也在節目、會議或是在線上抓著麥克風講上一小時，甚至是三天兩夜的工作坊。在一對一的教練課程中也總是笑臉迎人、活力充沛，並且主導對話的方向。

然而，我有些面向是他們不知道的。聆聽我一小時演講的人，不知道我在當天其他二十三小時之間做了哪些行為；在公司因為業務見面的人，則不知道我在公司以外的地方，例如在家裡時的我是什麼樣貌。那麼，這些只知道我一天中部分模樣的人說我是「外向型」時，他們描述的真的是我嗎？

首先，我想說的是能回答這個問題的人，除了「你」之外沒有別人。另外，在你客觀地認識並理解自己的人生旅途中，

MBTI 扮演的是指南針的角色。

如同本書開頭所提到的，我這輩子測出來過三個不同的 MBTI 結果。大學時期是 ESFJ，初次接觸公司的實習時期和擔任軍官的時期是 ESTJ，進入職場工作後是 ISTJ，而且我花費足足二十年的時間，才認可自己是 ISTJ，之後就再也沒有新的變化了。

我是如何認知並接受自己是 ISTJ 的？2019 年，在我於韓國 MBTI 研究所重新接受專業教育，使用 Form M 這個簡單工具進行測驗時，得出的結果是 ESTJ。於是我和其他 ESTJ 聚在一起，分享彼此的共同點與差異，當時我總覺得自己是ESTJ似乎有哪裡怪怪的。後來在進階課程中，我又使用 Form Q 進行測驗，最後明確地得知我不是外向型而是內向型。在那之後，我認同自己具備 ISTJ 的特質，並且在需要時也使用 E、N、F、P 的特質。

MBTI 測驗出來的結果，並沒有辦法呈現出所有真正的自我。這也是為什麼測驗之後，還需要花時間與專家諮詢或是參加工作坊等管道來驗證真實自我的狀態。在尋找哪一個 MBTI 能如實呈現真實自我的過程中，你必須懂得如何區分以下三種類型：

❶ 假我類型（Falsified Type）

並非自己真正的人格類型，而是假的類型。此測驗結果呈

現的並非受試者先天具備的人格類型，而是受試者在受到外部環境影響的狀況下，所表現出來的相反人格類型。

我們在無數的環境因素中，可能會受到如家人、朋友的影響；當自己想成為的理想模樣和本身的模樣相反時，也可能會刻意做出與自己的偏好相反的行為。

如果你以假我類型生活時，並不覺得困擾，那就沒什麼問題，但如果你覺得不太舒服、受到壓力，或是喪失能力，那麼這時就必須考慮是否要尋找真正的自我。

❷ 職業類型（Occupational Type）

職業類型是指因職業或職務要求的特定工作方式而受到影響的類型。假我類型是整體上做出與生活中的「真我」相反行為的類型，而職業類型大多是將自己侷限於特定行為的類型。

舉例來說，擔任組長這個職位經常會遇到做決策的狀況。需要給予組員評價；判斷是要持續推進策略，還是要停下來；在招聘過程中也要與他人討論面試者的錄取與淘汰。這種時候，做決策的基準可能會改變。真我傾向做出「體諒他人狀況的決策」，但公司內部有一套做決策的明確基準，所以在公司判斷或決定事情時，會經常遇到要切換成「公司基準」的狀況，而不是根據自己天生的人格特質採取行動。原本的你雖然具備情感型的特質，但是當你根據公司的需求給予評價或是面試招聘時，就會重複思考型的行為，並且認為自己是「思考型

的人」──這就是職業類型。

我也有一段時間認為自己的類型是外向型。然而，我花了很長一段時間，藉由尋找自我的過程體會到，因為我從事的工作更需要外向型的行為，像是擔任軍官、業務部、教育部門的職務，所以我才刻意選擇了自己不偏好的行為。像這樣，如果透過職業類型來檢視自己，就會找到一些不同於真我，覺得尷尬和不舒服的部分。

再舉另一個例子，我們熟知的藝人劉在錫，可以推測他在電視上的模樣和在日常生活中的模樣並不相同。實際上，劉在錫曾經在電視上公開他的 MBTI 測驗結果是 ISFP。在課堂上經常會有人問我：「劉在錫不是外向型的人嗎？他話那麼多，也很會主持啊！」

那時我是這麼回答的：「MBTI 的最終判斷只能交由本人去做。各位看到的模樣是劉在錫拍攝節目時的『職業類型』。然而，那是他為了賺錢，或是為了扮演好自己被賦予的角色而呈現出來的模樣。如果大家去看很久以前劉在錫尚未成名的時候，就能看見他沒有自信、很靦腆的模樣，也能看見他在鏡頭面前害羞的樣子。說不定那才是他真正的樣子，而現在的模樣則是他刻意塑造出來的。」

職業類型並沒有不好。即使知道自己真正的類型，但在工作時，或是按照需求刻意做出某種類型的行為時，如果不會覺

得不舒服，而且還能取得優異的成果，那麼我相信這是一種可取的類型成長過程。所以我雖然是內向型的人，但當我必須為了某人發聲時，就會像外向型的人那樣積極的行動。舉例來說，站在講臺上演講或是引導一對一的對話雖然不輕鬆，但我可以做得很好。當然我也發現，這跟我做自己偏好的內向型行為相比，往往消耗我更多的能量。

❸ 真實類型（True Type）

真實類型指的是你先天的類型。我認為 MBTI 的目標在於瞭解自己的假我類型和職業類型，並且在過程中找出自己的真實類型。有的人一次就找到了，但有的人必須經過多次的測驗，加上五次或十次的對話才尋找到自我。

尋找真實類型的意義何在？我將這比喻成瞭解自己是左撇子還是右撇子，這麼做是為了分辨你擅長的行為跟你不擅長的行為，然後根據不同狀況來使用，或是加強訓練和練習。

最終，MBTI 是一趟尋找呈現真我的真實類型的旅程。藉由這趟旅程，我將「尋找自我」的意義列為以下三點：

1. **認識自己先天的特質**：必須學會分辨自己偏好和不偏好的行為，也就是瞭解自己熟悉或是覺得舒服的行為，以及自己覺得不舒服或是做起來有困難的行為是什麼。

2. **認識自己現在需要的特質**：職場期待你扮演某種角

色，另外，家人或朋友也期待你扮演某種角色。這個
角色可能是符合你偏好的行為，也可能是屬於不偏好
行為的範疇。亦即，你必須學會分辨外部環境期待你
做的行為，以及自己先天具備的特質。

3. **我的行為由我來決定**：沒有人能獨自生活，所以總是
要求他人配合自己並非唯一的正解，相反地，無條件
配合對方也不對。雖然沒有正確答案，但是你必須成
為行為的主體。我的意思是，並非他人要求你做就去
做，而是他人要求後，你自己也同意才採取行動。

雖然我已經說過，但還是要再次強調，「世界上沒有正確
答案」。你可能想問：「我的類型不是真實類型，而是假我類
型嗎？還是職業類型？是我做錯了嗎？過去我都過著錯誤的人
生嗎？」然而，能評價你的人生的只有「你」自己。我想說的
是，不管你以何種類型生活、以何種類型工作，只要你自己同
意並且覺得幸福，那就沒問題了。

先採取行動的人 vs. 重視思考規劃的人

#外向型 E　　#內向型 I

　　MBTI 的第一個字母代表的是外向型（Extraversion，縮寫為 E）和內向型（Introversion，縮寫為 I）。

　　這兩者的區分基準，是看你偏好將專注力放在哪裡。然而，常有人誤會「外向型比較積極，內向型比較消極」，事實上這是截然不同的。簡單來說，外向型指的是偏好從外界獲得能量，而內向型則偏好從內在獲得能量。與其說外向型和內向型誰優誰劣，不如說它們各自具備的特質不同。

先採取行動的外向型（E）

　　外向型的人傾向從外界獲得能量。什麼叫從外界獲得能量？可以透過以下的問題來確認：

- 同時與一到兩人對話，以及與十個人對話時，何者能讓你獲得更多能量？
- 在你熟悉的空間，以及初次到訪的空間中，何者能讓

你獲得更多能量？

- 跟親近的朋友待在一起，以及跟初次見面的人待在一起時，何者能讓你獲得更多能量？

如上所述，能量是外向型的人在活動、接觸新環境或者產生好奇心時能獲得的力量。一般來說，他們在與許多人見面、去新環境、與新認識的人待在一起時，通常能獲得更多能量。也就是說，能量能驅使他們說話、行動、採取動作。

這些特質促使外向型的人往往行動快於想法，也自然導致他們將更多的專注力放在外界。比起獨處，他們更偏好與許多人待在一起；比起靜靜待著，他們更偏好需要說話或活動身體的事。外向型的人從外表看起來就充滿活力，聲音宏亮且語速較快，在聚會中與許多人溝通的模樣也相當顯眼。

先思考規劃的內向型（I）

內向型的人傾向從內在獲得能量，另有一個說法是，他們更喜歡專注於內在的環境，也就是他們覺得待在「思考的環境」很舒服——因此能思考的環境，如獨處、安靜的空間、熟悉的空間，就是內向型會覺得舒服的環境。光是看公司的空間配置，就會發現外向型的人覺得開放式的空間或是能邊喝咖啡邊談話的環境更為舒適；相反的，內向型的人更偏好有屏障的位置，或是比起靠走道的位置，更喜歡靠窗的位置。

內向型在行動之前大多需要花時間先思考。因此，內向型喜歡沉思和冥想，動作看起來比外向型稍微慢一些。不過務必記得一點，他們並不是真的動作慢，他們只是思考並整頓好想法後，才會行動。比起與許多人待在一起，內向型的人更喜歡在個人空間中獨處，而且比起言語和行動，他們更偏好使用文字來表達。

外向型和內向型的差異

那麼在實際生活中，外向型和內向型的人有什麼差異？以下藉由幾種能凸顯外向型和內向型行為差異的狀況，來具體瞭解這兩種傾向的特質。

❶ 與同住家人的傾向不同時

外向型的人喜歡跟家人聊天，他們常常將當天發生過的事情鉅細靡遺地說個不停，對他們來說最有壓力的事，就是聽到其他人說：「別再講了，可不可以之後再講？」實際上，在我女兒還小的時候，我給她最大的處罰就是「禁止說話五分鐘」。她很想說話，可是如果爸爸媽媽都不回應，她寧願直接去睡覺，連那五分鐘都忍不了。

相反的，內向型的人一回到家，短暫跟家人打過招呼後，就會想立刻進入專屬於自己的空間。他們並非不愛家人或是討厭看到家人，而是因為他們回來之前，已經在外面與很多人一

起工作、面對面相處而消耗了許多能量。

對內向型的人來說，最重要的休憩處就是家中能夠獨處的空間。書房、沙發、床鋪、書桌等等這些能從事個人活動的空間，對他們來說就是療癒的空間。假如家裡沒有個人空間，那麼有些內向型的人會在廁所裡待上三十、四十分鐘，藉此獲得獨處的時間。雖然他們也會在那裡讀書、滑手機，但實際的目的只有一個，那就是擁有「獨自恢復能量的時間」。

在我婚後，有段期間家裡沒有我個人的空間。那時我常常「自願性加班」和「週末早晨去咖啡廳」。因為加班時，辦公室只有我一個人，所以我可以在那段時間開心的工作；週末早晨我會起得很早，如同上班那樣固定去咖啡廳讀書、整理想法，待上兩到三個小時。那段時間足以讓內向型的我在精神上恢復元氣，然後再帶著充飽的能量跟家人和朋友愉快的互動。

因此，家中同時有外向型和內向型時，如果不理解對方的傾向，就很有可能會發生衝突。舉例來說，內向型的爸爸回家後，只想透過獨處來消除工作時累積下來的壓力。但外向型的女兒呢？她想的是爸爸總算回家，透過和爸爸鉅細靡遺的說著今天發生的事情來恢復能量，但爸爸其實只想要自己滑滑手機或者讀書、看電視。這種時候最好的解決方式如下：

- 先給予內向型的爸爸獨處的時間。
- 爸爸恢復能量後，再與女兒聊天。

當然，這兩個行動的先後順序根據個人狀況可能會有所不同，但對內向型的人來說，最重要的就是藉由「可以獨自思考的環境」來恢復能量，而最能提供舒適感的空間就是家。

❷ 與傾向不同的朋友見面時

一個外向型和一個內向型見面後，開心地聊天。然後，外向型突然覺得如果與更多朋友見面應該會更有趣，於是問內向型：「要不要把 A 叫來？」由於內向型和 A 也很熟，所以便爽快地答應了。

於是他們三個人見面後繼續開心的聊天。同樣是外向型的 A 想把人在附近的 B 也叫過來，雖然外向型馬上贊同說好，但是內向型這會兒稍微開始有壓力了。這是為什麼呢？

- 「原本是自己跟這位外向型朋友的聚會，但是外向型的朋友漸漸將注意力放在新來的朋友們身上，而不是自己身上。」
- 「新加入的 B 跟自己只是打過照面。與自己不太熟悉的人待在同一個空間中，我漸漸開始感受到壓力。」

外向型的人和新朋友見面時充滿了能量。在與新的人對話的過程中會勾起好奇心，進而獲得更多的能量。相反的，內向型的人跟不熟悉的人待在一起時，會開始覺得自己的能量正在被消耗。而且從某一刻開始，原本約好見面的朋友，看起來更關心新來的朋友而不是自己，看到朋友專心跟別人對話的模

樣，心裡也會有些失落。

❸ 在職場上工作方式的差異

在職場上，外向型的行動比較快，但同時也可能經常犯錯。相反的，內向型的行動雖然比較慢，但因為有先思考過，做好縝密的計畫再執行，所以錯誤也會比較少。然而，反過來想，外向型的人執行力比較強，因此遇到卡關時會努力去解決，這時內向型的人可能還停留在腦中規劃的階段。

究竟哪一種人比較好？沒辦法保留這兩個類型的強項，補足他們的弱點嗎？如果向外向型的人提供待辦清單之類的工具，幫助他在快速執行的同時，也減少犯錯和失敗的機率，或者在他身邊找一個擅長計畫的人呢？對內向型的人來說，如果稍微再多給他一些能在執行前思考的時間，他就可以更快地產出結果。

最重要的是，**知道自己的傾向，並且知道如果要配合同事的傾向，自己的思考、行動和表達方式。**

❹ 面臨壓力的時候

在日常生活或是職場上，難免都會遇到讓你有壓力的事。或許是事情不順利的時候，或是與你具備相反傾向的人持續做出讓你反感的舉動時，又或是你想要表現好卻不知道該怎麼做的時候等等，每個人都經常會遇到不舒服的狀況。這時候，如果知道怎麼幫自己紓解壓力，就能更輕鬆地照顧自己。

首先，我推薦外向型的人從事將專注力放在外面的活動。舉例來說，像是跟朋友聊天兩到三個小時，或是進行激烈運動、大聲笑鬧、唱歌跳舞等活動都可以，然後再花些時間安靜的儲存能量。相反的，我想推薦內向型的人先儲存能量，可以在家裡安靜的獨處，或是看著火發呆、盯著水發呆，又或是拉起遮光窗簾，聆聽安靜的音樂睡上十個小時，起來後你就會發現自己稍微變得比較舒服了。之後再去跟親近的朋友聊天，或是在舒服的空間閱讀，這些方法都會帶來幫助。

　　然而，偶爾會有些內向型的人問我：「我也會透過在外面運動、流汗來紓壓，那麼我算是外向型的人嗎？」這裡有一件大家必須明白的事，光靠單一行動，很難斷定其中的功能和類型，因此，回想自己在什麼狀況下經常反覆做的行為，然後嘗試去做自己覺得舒服的活動，有很高的機率都會對自己有所幫助。

　　另外，就算喜歡運動，也會隨著類型偏好不同的運動風格。一般來說，內向型的人就算運動，也偏好能獨自做的運動、能邊思考邊做的運動以及能跟朋友一起做的運動；相反的，外向型的人喜歡能跟大家一起互動、對話的運動。事實上，有些外向型的人比起運動，更喜歡運動後的聚會，有時甚至會為了參加聚會而運動。

　　不論是什麼，只要找到適合自己的紓壓方式就好。要記住

這並沒有正確答案，我建議各位可以找找能從外獲得能量的方法，或是找找能從內獲得能量的方法，並且親自嘗試看看，藉此找到最適合自己的方法。

外向型（E）	內向型（I）
① 喜歡用言語表達 　・比起用文字表達，更偏好直接展開對話	① 喜歡用文字表達 　・想要獨處，喜歡安靜的讀書 　・偏好用文字表達自己的想法
② 外界的邀請和環境會帶來新的吸引力 　・比起家裡或室內，更偏好戶外或新的地方	② 外界的邀請和環境會造成被往內推的感覺 　・待在熟悉的空間會覺得舒服 　・偏好能思考的環境
③ 先行動再思考（行動→思考→行動） 　・執行速度很快，能快速修正在過程中發現的問題	③ 先思考後行動（思考→行動→思考） 　・偏好擬定計畫並整理後再執行
④ 喜歡與多數人建立廣而多樣的關係 　・輕鬆就能與初次見面的人聊的熱絡或是變得熟悉 　・在有許多陌生人的場合中，依然可以活潑的行動	④ 喜歡與少數親近的人建立緊密的關係 　・在聚會上如果有認識或是親近的人時，會覺得比較舒服
⑤ 主動靠近他人 　・在各處都有很多朋友和認識的人	⑤ 等待別人主動靠近 　・初次參加聚會時，會待在角落安靜地觀察 　・有人先主導對話或是幫忙介紹時，才會開始對話
⑥ 很容易展現自我 　・經常表露自己的想法、環境和心情，讓他人很快就認識自己 　・經常聽到別人說自己「活潑、積極」	⑥ 慢慢地展現自己 　・經常聽別人說自己「冷靜、寡言」 　・經常聽別人說「不知道你在想什麼」

相信經驗的人 vs.
相信直覺的人

`#實感型 S`　`#直覺型 N`

MBTI 的第二個偏好傾向，是根據心智功能中獲取資訊的方式區分，也就是實感型（Sensing，縮寫為 S）和直覺型（iNtuition，縮寫為 N）。直覺的縮寫來自該詞彙的第二個字母「N」，是為了不與內向型（Introversion）的「I」重複。

S 和 N 的分類基準在於你獲取資訊（如人事物、事件和構想）的方式。實感型的人會直接接收所接觸到的資訊，或是從過去和現在的自身經驗中獲取資訊；而直覺型的人會以有創意的構想和突然冒出來的想法為基礎來獲取資訊。若以簡單的詞彙來明確定義這兩個偏好向度的特質——實感型就是「感官和經驗」，直覺型是「第六感和直覺」。

相信經驗的實感型（S）

實感型的特質就是專注於現實呈現出來的原貌，也可以說他們是「見樹不見林」。他們會藉由貼近現實的體驗來吸收資

訊，意即透過觀看、聆聽、觸摸、品嚐、嗅聞等感官活動的經驗來接收資訊。

因此，對實感型的人來說，最需要的就是「經驗」，他們藉由經驗更進一步具體掌握狀況和訊息，然後尋找對自己有用的內容。所以比起過去，他們更專注於當下，還會從過去掌握到的資訊中，找出能套用到現在情境的內容。同時，他們也是很實際的人，會客觀看待眼前的事物，並且如實呈現眼中所見的情況。

一般來說，收到要執行某項業務的指示時，實感型員工最先做的事情就是「搜尋過去做過的資料和企劃以及外部的資料」。他們會搜集很多資料，分析並回顧後，思考「這次該怎麼提升水準」。

也就是說，如果想讓實感型的人做出成果，務必要記得給他們足夠的時間和權限，允許他們進行多元體驗、閱讀各種資料，就能提高成功的機率。假如你是實感型的人，而且想知道如何在職場或職業上取得成功，我的建議是抱持著「我要補齊各種必要的經驗並好好運用」的想法，並且實際去行動，就是最快速成長的路徑。

相信第六感的直覺型（N）

實感型的人是透過經驗獲取資訊；相反的，直覺型的人仰賴直覺、第六感和感覺來獲取資訊。直覺型的興趣就是「想像」，他們腦中會湧現許多超乎常理的想像和構想，然後用這些來表達自己的感受，並且套用到現實生活中。

於是，他們最常聽到的批評就是「別淨說些不切實際的話」。然而，你知道改變世界的驚人點子，大部分都是來自直覺型的人嗎？若說實感型的人能製造讓世界變得更舒適的實用工具，那麼直覺型的人創造的是對世界帶來革命性的東西。

他們會繪製一個龐大的藍圖，設計未來的願景，並且從中尋找有創意的構想。比起一棵樹木，他們是看著森林在規劃未來。因此對他們來說，採取可能性較低但有意義的行動，比貼近現實的行動更讓他們樂在其中。若說實感型的人是從過去的經驗中尋找資訊，直覺型的人就是從未來的目標尋找資訊。

所以對直覺型的人來說，「未來的目標」比現在更重要。舉例來說，假設去年已經達成了目標 A，而今年設定的目標是 A⁺。那麼，直覺型的人為了達成A⁺ 這個目標，就會開始想一些跟以前不同的方法。在這過程中，過去達成目標 A 的方法並不重要，為了達成新的目標，他們會將時間花在尋找新的方法上。雖然他們常被稱讚「有創意、點子很新穎」，但也不乏

「打高空、不切實際」之類的評語。也可以說，這是因為直覺型在面對遠大目標時，更偏好去尋找新方法。

實感型和直覺型的差異

❶ 第一次去陌生地方時

實感型的人會努力找出具體的路線，他們會打開 NAVER 或 Google 地圖，先確認路線後再走，像是「從某某捷運站的〇號出口出來，走到便利商店時右轉，走到看見『飯捲天國』的招牌時，目的地就在右手邊〇〇超市的二樓。」因此，實感型對於走過的路經常記得很清楚，因為他們連建築物的具體位置都記在腦海裡。除此之外，他們會盡可能照導航的路線走。

直覺型的人也會看地圖找路。不過，他們著重的不是具體的建築物和街道，而是感覺，像是「往這個方向走幾分鐘應該就會到」，因此，他們在路途中可能會發生記不太清楚該往左還是往右的情況。假如他們開車時遇到塞車，有時也會在不看導航的狀況下，憑自己的感覺改變方向，或是順著自己的心情走平常不常走的路，這類的新嘗試往往會讓直覺型的人發現新事物。

另外，替他人指路時，實感型和直覺型也會有不同的表達方式。

- 實感型：「往左轉後走兩百公尺，右手邊會有一間星巴克。經過星巴克往右轉，在第二棟建築物的一樓有一家便利商店，從商店旁邊的樓梯上去到二樓就是了。你十二點之前到就可以。」
- 直覺型：「你往左邊稍微走一段路後會看見星巴克，離我們約的地方很近。不然到那附近後你再問問看，大家都知道在哪裡。」

❷ 準備考試的時候

實感型的人喜歡具體、仔細抄寫筆記，他們通常會將老師說的內容照抄，或是將自己要讀的部分重新在筆記本上做摘要。只要以筆記為基礎來讀書，他們就能重新想起在課堂上聽到的內容。這種做筆記的方式可以讓記憶力變得更持久，缺點是需要花費許多時間，但基於可以仔細學習的這一項優點，實感型的人還是偏好透過摘要和筆記來學習。

直覺型的人則偏好用眼睛看、用耳朵聽。跟喜歡用手解題、寫完一張張抄寫和練習卷的實感型不同，直覺型的人偏好觀看影片，或是邊思考邊用眼睛學習。直覺型的人雖然也會在讀書時做筆記，但他們不像實感型那樣照抄老師說的內容，而是會在聽老師講課的過程中，把自己突然浮現的想法、畫面和關鍵字記錄下來。實感型看見直覺型讀書的樣子時，之所以會問：「你沒在讀書嗎？怎麼在畫畫？是在塗鴉嗎？」是因為雙

方學習的方式不同。

舉個實際例子，我是 IS 型的人，我的讀書方式是獨自一人坐在桌前，書、習作本和筆擺在前面，並花很多時間在那上面。然而，某天有個 EN 型的大學生問我：「我如果像教練你那樣讀書，會鬱悶到讀不下去。有沒有別的適合我的讀書方法？」當時我們正好談到能讓自己專注的環境和喜歡的學習方法，最後我建議他：「你要不要試著找一些能一起討論的朋友組成讀書會，用互相問答的方式來讀書看看？」這個方法是將外向型和直覺型的人偏好的行為套用在讀書上面。結果，那位 EN 型的大學生立刻聯絡自己的同學，組成了三人讀書會，並且在讀書會上分享對彼此有幫助的資訊，用聚在一起討論的方式讀書。

當然，找到適合自己的學習方式並不代表你能馬上提升學習成績，最大的不同是那能幫助你開心學習並投入其中。一樣讀書八個小時，樂在其中的人和覺得無聊的人，哪一種人可以取得更好的成績？如果付出相似程度的努力，前者的成績自然會更好。

如果問我實感型和直覺型這兩類人，會比較想和哪一類的人一起工作，我應該也很難立刻做出選擇。因為兩者只是特質不同而各有優缺點罷了，實際上並沒有優劣之分。舉例來說，我自己是實感型，所以跟實感型的人一起工作、溝通會比較順

暢。因為我們都使用相似的方式獲取資訊，在分享和提案上會比較方便，但缺點是我們兩個人都不擅長主動去嘗試新事物。相反的，如果跟直覺型的人一起工作，身為實感型的我應該會很鬱悶。因為他們會提出一些在我看來不太合理的意見，而且也很難順暢的溝通，但好處是如此我才能挑戰新的事物，持續探索未知的世界。

我認為，選擇的重點最終並不在於你要跟哪種類型的人一起工作，而是在於**瞭解與你共事的人的類型，然後思考你們要以何種方式工作，以發揮加乘的效果。**

實感型（S）	直覺型（N）
① 偏好實際的資訊	① 偏好帶來直覺／靈感的資訊與人
・比起比喻、象徵性的表達方式，更擅長使用像數字那樣具體且明確的表達方式 ・喜歡親自動手做	・有時會想像出幻想朋友或媒介 ・對新事物、從未見過的事物、美麗的東西充滿好奇心
② 將注意力放在現實問題上（對沒發生的事情沒興趣）	② 將注意力放在未來的目標和可能性上
・專注在現實中遇到的問題，偏好解決實際問題或是做出改變	・夢想很大，有很多想做的事、想成為的人 ・偏好從繪製未來的藍圖開始，計畫現在該做的事
③ 觀察力很強，擅長發現具體且細微的事物（見樹）	③ 容易發現大藍圖、背後的狀況和脈絡（見林）
・擅長記住周遭人的外貌或特質 ・學習時會記錄所有細節	・比起看得見的東西，更專注於背後的脈絡 ・憑感覺尋找現象之間的連結，而非現象本身
④ 按部就班地做事（遵照SOP）	④ 直接跳到結果（跳躍式）
・偏好完成前一個階段的事情再往下一個階段前進 ・有時會在具體溝通的過程中漏掉核心資訊，或是得到「太過瑣碎」的回饋	・思考太過跳躍而經常說出不著邊際的話 ・比起現實的限制，計畫時更將焦點放在可能性上
⑤ 重視自己或是組織過去的經驗	⑤ 重視可能性和創意
・比起嘗試新方法，更偏好過去成功的方法 ・「我試過這個方法了，你試過了嗎？」經常說這類的話	・對新事物充滿興趣、有學習的欲望 常被人誇讚創意和想像力豐富
⑥ 先用過去嘗試過的方法（認為經驗很重要）	⑥ 傾向嘗試與過去不同的新方法（具有獨創性）
・比起新方法，更偏好熟悉的方法 ・決定嘗試新方法時，會尋找各種案例和參考資料來驗證	・偏好選擇以前沒用過的方法 ・有時會做出或說出其他人預料之外的奇怪行動和言語

提供解決方法的人 vs.
具有同理心的人

`#思考型 T` `#情感型 F`

在心智功能中，你如何做出判斷和決策，我們稱之為「決策功能」，可以分成思考型（Thinking，縮寫為 T）和情感型（Feeling，縮寫為 F）。決策功能的區分基準，在於你用什麼方式做出選擇和決定。

提供解決方法的思考型（T）

思考型的人做決策時，總是偏好從客觀、符合邏輯、分析性的角度切入。對思考型人才來說，隨時都有一套基準、原則、規範和法規。因此，遇到類似的狀況時，他們會盡可能做出同樣的決策。

他們在評價人的時候，也會使用統一的標準。在公司必須針對某個職員進行考核時，不論對方是同期、討厭的人，甚至就算是家人，他們會用相同的客觀標準來考核。

我也算是一個很極端的思考型，所以我連評價自己的時

候，標準都相當嚴苛。舉例來說，以前我在公司擔任人事組長時，因為工作成果出色而在公司獲得優良的考核成績。但是我從客觀的角度來看，仍然覺得自己還有不足的部分，於是便向公司申請重新考核，將考核結果降低了一個級別。當時連社長都說：「第一次看到這麼狠的人。」

就像這樣，思考型的人很重視事實和真相，因此常被情感型的人說是「冷漠的人」、「無情的人」或是「冰山公主」。不過，思考型的人也懂得體貼和尊重別人，只是他們在做選擇和決策的時候，會以所有人都認可的基準來判斷罷了。如果詢問那些思考型的職員：「為什麼會發生這種事情？你有什麼對策嗎？」他們就會根據資料為基礎，找出事情之所以發生的原因，而且也會提出有明確根據支持的方案。

有同理心的情感型（F）

與思考型的人不同的是，情感型的人就算身處類似的情境，也有可能每次都做出不同的決定。因為他們會根據狀況不同，以主觀基準來判斷。

舉例來說，情感型在做決策時會考慮：「該決策的相關對象是誰？做出決策時，會產生什麼波及和影響？做出該決策蘊含著什麼意義？」因此，情感型的人就算面臨同樣的問題，也會採取不同的解決方式。

他們在做決策的時候會說：「當時的狀況和現在不一樣。」他們很重視人、意義、關係和影響等要素，所以經常會聽到「很有人情味」、「很重視人」、「很溫暖」等稱讚；相反的，也會被思考型的人抱怨「沒有主見」、「毫無基準和原則，太隨心所欲」、「優柔寡斷」等。

即使如此，情感型的人周遭還是圍繞著很多人。因為他們會關心別人、靠近別人、與他人共情。

思考型和情感型的差異

❶ 傾聽他人抱怨時

假設妻子和隔壁鄰居大吵一架。思考型的丈夫一回到家，情感型的妻子就急著想把事件的經過全都告訴丈夫。「今天隔壁鄰居一大早就這樣那樣的，搞得我有夠煩，所以就這樣那樣的吵回去！」

但是思考型的丈夫可能會立刻提問：「之前發生了什麼事？隔壁鄰居是怎麼做的？那是幾點發生的事？所以妳說了什麼？」等等，他會以事實為基礎仔細盤問。然後跟妻子說：「是妳有錯……」

接下來，情感型的妻子自然會開始生氣。「搞什麼？我有要你判斷誰對誰錯嗎？你知道我當下有多委曲嗎？算了，跟你

說這些，我才是傻子！」

這或許是最普遍的思考型和情感型夫妻的爭執。情感型的出發點雖然是想要對方理解自己今天有多麼辛苦，但思考型的人重點卻擺在確認事實關係、判斷是非對錯。誰做錯了呢？就我來看，兩個人都有問題。因為他們都沒有站在對方人格類型的立場上思考，只顧著講自己的。

如果這麼做會怎樣？假如思考型一聽到情感型說的話，第一句話馬上回應：「喔，妳今天肯定很辛苦吧！那現在有比較好了嗎？需要我過去跟他說些什麼嗎？」狀況會有什麼不同？假如之後慢慢確認事實關係後，才說：「妳都這麼辛苦了，隔壁鄰居會這樣那樣，可能也有辛苦之處吧！」狀況會有什麼不同？

另外，情感型如果一開始先對思考型說：「我今天遇到了討厭的事，你靜靜地聽我說就好。」又會怎麼樣呢？無論如何，如果他們先瞭解了對方的特質，再思考該怎麼反應，這段對話對他們兩人來說應該都會比較舒服吧？

❷ 尋找聚會餐廳時

思考型在做決定時都有標準和根據。舉例來說，找美食餐廳的時候，他們很看重客觀指標，像是在社群媒體上有許多篇食記、廣受大眾好評而上節目的餐廳、經營許久並在傳統美食界受到認可、是否有米其林等專業推薦等，他們會以普遍都認

可的標準來選擇餐廳，而且最重要的是，他們必須親自品嚐過，覺得滿意才會向周遭人推薦。

　　相反的，情感型的人選擇餐廳時，會以比較主觀的指標為基準。「是否在社群媒體上看到讓自己心動的照片？有沒有看起來很美味的食記？」他們會以這種比較隨性的指標來選擇。另外，他們也會考慮到對方，經常將餐廳的選擇權禮讓出去。

思考型（T）	情感型（F）
① 認為有邏輯的分析很重要 ・經常提問、企圖掌握狀況 ・擅長連結因果後做出決策 ・為了尋找各式各樣的原因而將資料進行區分、分析和分類	① 認為主觀價值很重要 ・更專注於與自己相關或者平常覺得可以信任之人 ・更重視需要自己或向自己求助的人
② 作為一名外部觀察者，從客觀的視角切入 ・擅長以有邏輯且具體的說明來說服同事和朋友	② 作為一名內部觀察者，從主觀的視角切入 ・比起客觀的視角，更努力與當事人站在同一個立場去共情並解決問題 ・很能同理身邊的人，並產生想幫助的心情
③ 提出解決方法 ・偏好先找出原因，然後再決定解決方案	③ 認為關係及和睦很重要 ・經常被別人說情感豐富、有人情味 ・跟關係好的人待在一起時很投入；跟關係不好的人待在一起時很難投入
④ 認為正義和公正很重要 ・會根據法律、文化和規則來做決策 ・做決策時，比起關係和狀況，更注重問題的解決	④ 會考慮到意義、狀況及所帶來的影響 ・能快速掌握到他人的情感，並且敏銳地做出反應 ・做決策時會考慮到這會對他人造成何種影響
⑤ 關注事實和真相 ・好奇真相為何	⑤ 以人和價值為中心 ・經常被別人說重情重義且單純
⑥ 以工作和組織為中心 ・做決策時，以事情的成效、組織的成功為中心來推動 ・比起建立關係，更關注工作成效	

企圖掌控時間的人 vs. 即興行動的人

#判斷型 J #感知型 P

最後，MBTI 第四個偏好傾向呈現的是，你用何種生活方式將前述的三個傾向連結一起。

以下先總結整理前述的三個傾向：首先，根據你「獲得能量的來源」分成外向型（多數、行動、言語、向外）和內向型（少數、文字、向內）；再來根據「獲取資訊的方法」分成實感型（感官和體驗）和直覺型（第六感和直覺）；接著根據你「做決策的方式」，可以分成思考型（基準、原理、規則等）和情感型（關係、意義、影響）。

最後，根據你應對外界的方式，又可以區分成判斷型（Judging，縮寫為 J）和感知型（Perceiving，縮寫為 P）。

企圖掌控時間的判斷型（J）

觀察周遭的人會發現，有些人總是很徹底的計畫自己的生活。他們會仔細事先計畫好今天要做的事、明天要做的事，甚

至是下個月要做的事。他們並不只是擬定計畫而已，為了達成目標，他們還會往後推算，規劃每段時間的行程。

這樣的習慣也經常會在他們的生活中表現出來，他們會習慣性地整理東西，或是有系統地推動事情。有些人甚至連週末要做的事情和行程都會規劃好。包括自己的時間、家人的時間還有工作的方式等，他們都會想訂一套計畫去掌控。

對他們來說，最重要的就是達成目標，但還有一點也很重要，那就是務必要守時。他們非常討厭遲到的人，尤其是那些導致他們要更動既定行程的人和狀況，那會讓他們覺得很不舒服。面對明確屬於判斷型的人時，行程如果有變更，就必須事先謹慎地說明才行，否則，彼此的關係可能會變得不舒服。

判斷型的人總是在管理可預測的行程，而且也會對可能的風險做好事先預備。因為他們的目標和前進的方向很明確，所以不太會迷路或是跑去做別的事。因此，如果和判斷型的人一起工作，在時程變更這方面的壓力會比較小。

即興行動的感知型（P）

跟判斷型完全相反的感知型具備什麼樣的特質？對感知型的人來說，思考總是很彈性，他們認為目的和方向隨時都能改變。當然，工作的方式也可以跟著改變，而且任何時候都可以

調整行程。對感知型的人來說，沒有什麼是絕對的，因為周遭的環境隨時都在改變。

感知型的人也會擬定計畫。不過，判斷型的人如果聽到他們的計劃，大概會很鬱悶。感知型所說的計畫，對判斷型的人來說更接近於遙遠的目標。

舉例來說，如果是擬定好旅行計畫的判斷型，他們早在出發之前就做好準備了。機票、住宿、必去的景點、一定要吃的美食、拍照點、要穿的衣服等，他們都會事先想好或是計畫好。對他們而言，旅行幾乎可說是「在出發前就已經開始了」。當然，感知型的人也會擬定旅行計畫：「第一天要去 A 地點，住在 B 飯店。然後○○日要回國。」他們的計畫只有這些。就像這樣，雖然兩者都會擬定計畫，但是他們對「計畫」這個詞彙的定義並不相同。

對身為判斷型的我來說，感知型不注重時間觀念這一點雖然讓人鬱悶，但我還是很羨慕他們的優點。他們應對變化的態度和適應能力，以及非出於計畫的自發性行為背後的動機真的很了不起。還有，他們隨時隨地都能享受當下的模樣，也很讓人羨慕。

判斷型和感知型的差異

❶ 旅行規劃時

如同上述所說，判斷型的人會擬定詳細的計畫。對他們來說，愉快的旅行就是完全按照計畫走的旅行。至於對旅行沒興趣的判斷型，也會在沒有任何計畫的狀況下，單純跟著同伴到處走。他們並非不擬定計畫，只是毫不關心。那些在旅行中拉著同伴照著行程走的人，通常都是判斷型。

相反的，感知型的人覺得愉快的旅行，是在旅途中有新鮮的體驗或者被觸動的時候。即使沒去成原先想去的餐廳，如果在偶然拜訪的當地小店品嚐到美味的食物，或跟當地人交流、創造美好的回憶，那麼不論那個地方颳颱風還是計畫泡湯，他們都不會在意，依然會覺得那是一趟愉快的旅程。

❷ 與人相約遲到時

判斷型和感知型的朋友約好要見面，他們會怎麼行動？判斷型會提前規劃好以免遲到，他們會搜尋從家裡到目的地最快的路線，並且計算好交通時間，然後事先訂好從家裡出發的時間。決定出發的時間後，起床的時間自然而然也會跟著定下來。因為他們能算出自己需要的準備時間，前一天晚上就寢的時間也可以大略估算出來。就我而言，我至少要睡六個小時以上才能睡飽，所以隔天如果有約，就算我滑手機滑到很晚，也會考慮到隔天的約而趕快去睡覺。

假如判斷型因為種種的原因遲到時，他們會怎麼做？不管是再怎麼要好的朋友，判斷型都會事先聯絡對方。「我現在在某地，路上塞車，大概會晚到十分鐘。」他們會像這樣事先告知預計抵達的時間，而且在前往的路上，還會即時分享自己的移動路線和預計抵達的時間。

　　感知型會怎麼做？他們同樣也計畫好幾點要跟朋友見面，而且會預留時間出門，但他們不知道自己幾點要出發，單純認為準備好再出發就行。然而，他們直到在路上時，才察覺好像快遲到了。不過這沒什麼關係。因為他們覺得朋友可以等一下自己。當判斷型朋友問：「你現在在哪裡？」感知型通常會回答：「快到了，我馬上過去。」這時候，身為判斷型的我就會開始好奇，感知型說的「馬上」到底是多久？

　　就這樣，判斷型和感知型的人會根據狀況按照各自的行為模式行動。不過，這當中沒有誰好誰壞。我認為只要關注一點就好——這個行為符合當下的狀況嗎？

判斷型（J）	感知型（P）

① 目標導向（關注結論）
  ・目標清晰，為了達成目標而擬定計畫
  ・一旦決定了目標和期限，就會即刻開始按照流程計畫工作
 	
② 想過著有計畫的生活（計畫性、控制）
  ・偏好按照計劃有規律的生活
  ・對於必須趕著做計畫之外的事情感到不舒服
 	
③ 喜歡組織化和順序
  ・大多會擬定待辦事項的處理順序再採取行動
  ・如果發生預期之外的事，會修改既定順序，重新擬定新計畫
  ・偏好整理乾淨的狀態（與自己是否擅長整理收納無關）
 	
④ 想要準確地遵守時間
  ・在最後一刻被追趕著做事時會有壓力
  ・偏好擬定詳細的行程，並按照該行程去做（例如考試日期出來後，會根據剩餘的時間擬定讀書計畫並且執行）
  ・偏好配合截止日期擬定計畫，然後一個個完成
	① 過程導向
	  ・比起結果更重視過程
	
	② 順著人生的發展去適應（自主、開放）
	  ・對周遭發生的事情充滿好奇心，很能適應新的狀況
	  ・工作或行程需要更動時，能更輕鬆地接受
	
	③ 認為時間可以彈性更動
	  ・會以重要的事為中心來計畫，對於計畫需要修正時，也較為包容
	  ・即時反應的速度較快
	  ・在過程中沒有變化或是失去主導權時，容易有壓力
	
	④ 臨近截止日期時更能夠專注
	  ・偏好在最後一刻一次做完所有工作
	  ・在快截止之前比時間充裕的時候，更容易投入工作

MBTI 是什麼
的縮寫？

　　MBTI的全名是「邁爾斯—布里格斯性格分類指標」
（Myers-Briggs Type Indicator），也是全世界最多人
使用的人格類型測驗之一。在韓國幾乎沒有人不知道
MBTI，甚至有許多人認為 MBTI 應該放在身分證上。

　　MBTI 是由美國的伊莎貝爾‧布里格斯‧邁爾斯
（Isabel Briggs Myers）和她的作家母親凱薩琳‧庫克‧
布里格斯（Katharine Cook Briggs）提出，以分析心理
學的創始人，同時也是瑞士精神分析師的卡爾‧古斯塔
夫‧榮格（Carl Gustav Jung）的心理類型為基礎，以
自我報告檢測的形式來找出心理偏好度，在 1944 年觀
察、記錄並整理許多人的行為後開發出來的心理測驗。

　　這項指標將人的性格分成十六種類型來說明，以外
向（E）／內向（I）、實感（S）／直覺（N）、思考（T）
／情感（F）、判斷（J）／感知（P）等四個偏好指標
來呈現。簡單來說，它就是一種能幫助你理解自我與他
人之間的內心、想法以及行為差異的心理測驗。

然而，有許多人認為 MBTI 是低可信度的工具。不過我覺得自己進行過的所有心理測驗，都有著同樣的弱點——因為這與健康檢查不同，會隨著個人的操作而出現不同的結果。此外，沒有其他心理測驗像 MBTI 一樣，持續進行研究，並且經常被發表成論文。只不過我們生活周遭有許多借用 MBTI 模式的仿冒品——尤其是名為「16personalities」的網路測驗，所以必須正確理解真正的 MBTI 是什麼。基本上，在韓國只要是沒經由取得專業證照的專家進行的測驗，或是沒有使用 ASSESTA 的 MBTI 工具進行的免費測驗，全部都是仿冒品。仿冒品氾濫的理由很簡單，因為許多人對 MBTI 都很好奇，也經常將測驗結果套用在自己的生活和工作上。

MBTI 因為受到大眾廣泛喜愛而出現許多仿冒品，站在專家的立場來看確實挺不安的。雖然 MBTI 是心理測驗的工具，但人們常將 MBTI 當作用來理解自己、理解自身家人或朋友的工具，並且也透過 MBTI 來理解一起共事的同伴。就我個人來說，還會將 MBTI 用於找到適合的工作方式。然而，如果你手上的是沒有正確呈現你特質的錯誤結果，或是以錯誤的方式運用，很可能會引起更大的混亂。因為人不可能被定型成單一種模樣。

就算 MBTI 呈的是你天生的偏好，我們還是隨時都會受到外部環境或是自身情緒的影響。我雖然也具備

明確的 MBTI 類型，但最近也常聽到別人說：「你怎麼突然這樣？」、「你平常不是不喜歡這些嗎？」這是因為我經常做出和天生特質不同的行為。我會配合家人或同事改變我的行為，有時則是毫無理由地想做出反常的舉動。就像這樣，過去的我和現在的我之所以不同，是因為在成長的過程中，不論自己同意與否，確實都受到了某些外部影響，而這些影響造就了現在的自己。不過，變化的開端正是「你天生的偏好」。

MBTI 是一個能呈現出個人的過去、現在以及未來的工具。在開拓有主導性的人生這一層意義上，MBTI能幫助你區分在過去的外部環境中，哪些因素和人能帶給你正面的影響，而哪些又帶給你負面的影響，並且在你理解後，能更主動地應對帶給你正面和負面影響的人事物。

因此，我推薦各位透過 MBTI 來回顧對過去、現在以及未來的你造成影響的外部環境。這是為了區分會對「未來的你」造成影響的外部和內部因素，然後使用你同意的部分來設計自己的未來。

如果你已經找到自己真正的 MBTI 類型，不對，如果你正在尋找自己的 MBTI 類型，要不要試著以 MBTI這個濾鏡為基礎，打造出更有價值的人生呢？

第二章

爲何瞭解 MBTI，
能提升工作效率？

N 下屬遇見 S 主管的時候

用來瞭解他人的
黑盒子

　　瞭解 MBTI 之後，關於自己是如何思考並判斷，以及對方是如何思考並判斷，都能具體預測到某個程度，也就是說，「理解他人的觀點」會改變。這大概也是在重視個人特質的超個人化時代，MBTI 契合度等話題之所以會流行的理由。

　　如果說過去是由能力卓越的個人來帶領組織，那麼現在就是聚集具備各種知識和經驗的同伴，經由相互合作創造出更高性能的時代。為了不依靠單一個 S 級人才，而是尊重每個人的特質，活用每個人具備的長處、知識和經驗，以小組為單位來創造出工作成果，就必須掌握自己和他人的一切，從這個角度來看，MBTI 能帶來很大的幫助。

　　MBTI 在應用上有一個最重要的原則，那就是它「並非唯一正解」。MBTI 不是用來區分誰跟自己契合、誰跟自己不契合的絕對答案，而是幫助我們理解彼此身上不同的特質，並且區分那些差異的工具。

所以我舉辦 MBTI 工作坊的時候，最先告訴大家的就是「我們彼此都不同」的這個觀點。每個人都有一個自己的潘朵拉盒子，那個盒子又被稱作黑盒子（Black Box），指的是以自己的觀點去判斷他人的言行。撰寫《有些事你不知道，永遠別想往上爬！》（*Leadership and Self-Deception*）一書的亞賓澤協會（The Arbinger Institute）指出，不管對方說什麼，你的想法都會根據你心中對對方的感受而改變——也就是說，人人都有辦法欺騙自己。

藉由推論階梯來看觀點的差異

說明每個人都擁有各自觀點的這個概念時，最常用到的工具就是哈佛教授克里斯・阿吉里斯（Chris Argyris）提出來的「推論階梯（Ladder of Inference）」，它能呈現出你從自己的基準和觀點判斷他人的行動時，想法會經過哪些階段。因此，我們可以藉由這套工具，看見外向型主管和內向型主管是如何從各自的觀點出發，對同一件事產生不同的看法。

例如他們都觀察到內向型的「白課長」在會議中不太表達自己的意見時：

❶ 外向型主管的推論階梯

外向型主管具備的偏好特質中，有一項是「認為積極表達、用言語表達很自在」，因此白課長話太少的模樣，在外向

型主管的眼中看起來相當不順眼。外向型主管很習慣用積極表達自己想法的方式來與他人對話及討論。假如他們沒有表達，那就代表他們對該主題沒興趣，或是認為不積極參與也無所謂。所以當他們看見不擅長表達自己意見的內向型組員時，就會想：「他不想要把工作做得更好嗎？他對會議主題和小組目標沒興趣嗎？」因此而產生誤會。這些誤會一再累積後，外向型主管就會將內向型組員視為沒有領導能力的組員，等於是套上一層外向型主管專屬的濾鏡。

那麼，內向型主管會怎麼看待白課長？

❷ 內向型主管的推論階梯

內向型主管和外向型主管不同，在他們偏好的特質中，有「認為思考和文字表達很自在」這一項特質。因此，對內向型主管來說，白課長話少是相當正常的行為。

內向型的人在說出自己的想法時，需要「事先思考並整理的時間」。有些內向型的人需要時間來回顧自己已知的內容，或是親自經歷過的經驗，而有些內向型的人則需要時間想像各種狀況，在腦中整理好資訊。因為內向型主管瞭解這個特質，所以他會額外給白課長更多思考的時間。

● 外向型主管的推論階梯

⑦（根據信念）採取行動
對白課長的領導能力給予很低的評價，
不會推薦他擔任主管職。

⑥ 從結論延伸出自己的信念
白課長沒有領導能力。

⑤ 下結論
白課長太個人主義，不太為小組著想。

④ 根據自己的觀點
（針對對方行為之理由、目的和意圖）做出假設
白課長雖然有更好的點子和想法，但他不想說。

③ 做出詮釋
白課長身為課長，以他的資歷來說，
應該要為了小組積極提出自己的意見才對，
但他對小組共同的目標毫不關心且態度消極。

② 選擇數據
白課長很被動、內向。

① 觀察行為
每次開小組會議時，白課長只會提出「我也同意」、
「好像不錯」這類意見，從不會主動提出意見或積極溝通。

● 內向型主管的推論階梯

⑦（根據信念）採取行動
給予白課長在會議前事先思考並整理的
時間，提前跟他分享會議討論事項。

⑥ 從結論延伸出自己的信念
白課長沒有足夠的時間事先準備，所以他沒辦法
自信地說出自己的意見並積極參與會議。

⑤ 下結論
白課長也想積極參與會議。

④ 根據自己的觀點
（針對對方行為之理由、目的和意圖）做出假設
沒有給白課長足夠的時間思考，
所以他很難在會議時間好好表達自己的想法。

③ 做出詮釋
白課長身為課長，
很想要為了小組更積極地提出自己的意見。

② 選擇數據
目前的狀況對白課長來說很不舒服。

① 觀察行為
每次開小組會議時，白課長只會提出「我也同意」、
「好像不錯」這類意見，從不會主動提出意見或積極溝通。

內向型有時候話也很多

再次強調，MBTI 並非固定不變的正確答案。在理解自己和理解他人時不要帶有偏見，這個觀念才是最重要的。像是白課長那樣的內向型，難道全部都不喜歡分享自己的事情，提意見的時候都很被動嗎？並不是那樣。內向型的人在以下兩種情境下，也會像外向型那樣積極且活躍。

❶ 面對親近的人

內向型和關係親近的少數人待在一起的時候，會比其他時候更積極地表達自己的想法並行動。因此，他們跟親近的朋友或是比較要好的公司同事待在一起時，會積極表達意見，也會做出唱歌或跳舞之類的舉動。因為彼此都很瞭解，所以不管說什麼話、做什麼事，心理上都有安全感，無論是職場同事、朋友和家人都適用。也就是說，如果職場同事是他們很熟悉的人，就算是內向型的人，也會在小組中做出不同於他們在其他地方時的行動。

❷ 講到自己平常關注的事

內向型的我在談論經常思考、已知許多資訊的主題，如指導、領導能力、組織文化、MBTI、比熊犬、棒球等時，會表現得比任何人都還積極。這時內向型並不是變成外向型，而是因為這些是他們稍微更有把握的主題。內向型在行動之前需要充分的時間思考。然而，對於自己本來就在煩惱、思考且相當

關注的主題，他們平常已經累積了許多資訊，也有自己的觀點，所以才能更快速且積極地表達。

雖然我也是內向型，但是我長時間負責人事組和人才開發組以及組織文化等工作，已經習慣在許多職員面前演講、主持或是一對一地進行談話。我在第一個職場工作時，每週一都要主持兩、三百人以上的會議，所以我在主持時並不覺得困難或緊張。或許是因為這樣，我到目前為止才能演講超過五千個小時，個人指導時數也幾乎高達九百個小時。

甚至在例會中還有個傳統是為當週生日的同事慶祝，邀請壽星來到臺上，發送禮物和蛋糕，並且唱生日快樂歌，我在引導和帶大家唱歌時完全不會感到困難。不過，身為主持人的我在自己生日那週，還是會盡可能地休假，將主持的工作交給其他同事。這是為什麼？如果你也是內向型的人，大概可以猜測到其中的緣由。

雖然在別人面前談論被交付的工作和自己熟悉的主題時，並不會覺得不舒服，但如果在透露私人狀況的情境下，那麼身為內向型的我就會覺得很不舒服而想迴避。

當然，我也不是一開始就很習慣在別人面前演講。因此，我以前會先在親近的幾個熟人面前試講看看，熟悉了之後，才針對同一個主題在各式各樣的人面前演講，之後才花時間去熟悉那個主題。我從熟悉的環境中慢慢走向初次認識的人，從少

數的人走向多數的人，從熟悉的主題走向初次嘗試的主題，最後我演講的環境也改變了。

就像這樣，內向型和外向型偏好的環境、不偏好的環境都不一樣。所以如果瞭解並找到適合自己的方法，不管做什麼，就算比較慢，也沒有完全做不到的事，這點務必銘記在心。

職場上的
外向型和內向型

`#外向型 E`　`#內向型 I`

外向型和內向型的特質差異很明顯。那麼，他們在職場上的行為會有什麼樣的差異？

會議中的表現不同

外向型偏好從外部獲得能量，所以他們大多喜歡和各式各樣的人對話，他們的聲音有力、富含能量，遇到重要的話題時，聲音還會變得更大。他們會邊笑邊拍手，有時還會問旁邊保持沉默的同事：「○○，你怎麼想？我很好奇你有什麼看法。」透過這樣的方式推動會議的進行。看到比誰都還積極主導話題的外向型時，身為內向型的我就會很羨慕，心想：「哇！怎麼有辦法那麼活力充沛？」然而，外向型在會議中並非只有正向的表現。從另一方面來看，他們有時會口不擇言，有時也會剝奪其他人說話的機會，光顧著講自己的看法。有時他們的聲音還會太大，讓人擔心是否影響到隔壁的會議室。有時他們在時間有限的會議中自顧自地講了太多話，結果沒時間

分享重要資訊，甚至不得不在倉促中做出決策。

　　相反的，偏好從內部獲得能量的內向型會如何參與會議？他們會輕聲細語地提出意見，並且準備好要表達的內容後帶過來，或是經由投影片來傳達想法，因此常被人稱讚「準備得很充分」。他們在會議中也經常做筆記，並且將記錄內容分享給與會者，幫忙推動會議中討論的題目。

　　然而，面對「還有人有其他意見嗎」的提問時，他們不會輕易舉手，也不會明確表示自己的意見，經常看起來很消極。他們在會議上常說的話是：「我的想法也差不多。」或許是因為這樣，內向型的人也常聽到別人說搞不懂他們在想什麼。

　　會議的目的是「分享資訊」和「做出決策」。為了達成這個目的，外向型和內向型該怎麼行動比較好？我提出以下幾個能截取彼此長處並且補強短處的方法。

> **外向型一起討論，內向型獨自思考。**

　　會議前先分享議程和會議中要討論的問題，然後讓外向型跟偏好對話的人就議程內容事先進行五到二十分鐘的討論，之後再參加會議。因為他們偏好在對話的過程中整理自己的想法。這時可以讓內向型的人先獨自思考，然後將自己對會議內容和問題的意見用文字整理出來，即使以關鍵字為主簡單地做

個記錄也會很有幫助。

> **減少外向型的表達時間，增加內向型的表達時間。**

　　在會議中主要講話的人以主持人和外向型的人居多。外向型的人可以充分帶動會議的氣氛，但是有時也會剝奪其他人說話的機會。相反的，內向型的人對於發表或是提出反對意見略感困難，所以給外向型的人更多時間表達自己的看法，給內向型的人更少的時間，並沒有辦法充分做到資訊的共享。

　　因此，為了能讓意見交流更多元，必須減少外向型發言的時間，而內向型就算覺得不太舒適，還是要做出有內容的發言。這時候可以試著使用「便利貼」，在說出各自的看法之前，先給大家短短三到五分鐘的時間，讓大家嘗試將自己當下的想法整理在便利貼上。如果像這樣將想法整理成文字，就可以適時調整外向型和內向型的表達時間，創造出能發表多元意見的環境。

> **外向型做反應，內向型做記錄。**

　　外向型的長處之一就是能做出正向的回應，可能是笑，可能是稱讚，這能讓會議過程中充滿活力。內向型中有些人喜歡

整理，如果事先將會議記錄的工作交給他們，會議後大家就能共享資訊。而且這麼一來，外向型和內向型就能持續做出發揮自己長處的工作。

對客戶的銷售策略不同

在業務部門裡，哪種類型的人更能提高銷售量？大多數的人都認為答案是外向型。我之前也曾經那麼認為，甚至努力讓自己像外向型的人那樣行動。然而，當我親自接觸外向型的銷售方式後，想法就改變了。我第一次開始工作時，應徵的雖然是「策略企劃」，但初次被分配的部門卻是兒童服飾業務部。身為內向型的我一開始很煩惱，心想：「我應該辭職嗎？這是要我自己提離職的意思嗎？」但因為是第一份工作，於是我便抱持著「試著做看看吧」的心態，決定堅持下去而進了公司。

當時業務部門的工作是擔任顧問的角色，與那些想加盟我們品牌的創業者見面，向他們介紹我們的產品和品牌，幫助他們在偏好的地區選定適合的開店位置，並且協助他們營運。我看到那些工作能力特別好的前輩時，經常覺得他們「很會說話、活力充沛」。跟他們待在一起時，我總是變得越來越渺小。觀察其他同期時，則發現外向型的人往往適應得很快，已經能像前輩那樣和初次見面的人暢談。他們甚至會聯絡初次見面的人，拜訪已經在經營其他品牌的店面，建議對方改變行

業，跟老闆說：「要不要改加盟我們的品牌？」某個前輩還分享過自己的英雄事蹟：「我跑到其他店面勸老闆改賣我們的產品，結果被對方灑鹽巴趕了出來。但我最終還是說服了那個老闆，讓他們變成我們的加盟主。」雖然在業務部工作的人，應該都要有那樣的熱忱，但我身為內向型，當時其實一直覺得「如果要那麼做我乾脆辭職」。當然，我也嘗試那麼做過，不過實在做不了幾次，最終我不得不承認那是我做不到的事。

所幸，我找到了幾個內向型能做得好的銷售方式，而且獲得了嘗試的機會，所以也取得了小小的成功。我用過的方法大致為以下三種：

❶ 與少數店家建立親近的關係

我曾經同時管理七十多間店面，因為沒有時間管理所有的店面，所以就選了其中五家，花時間跟那些店老闆混熟。我經常登門拜訪，經常跟他們一起吃飯，也跟他們聊銷售和成長。初次見面時雖然有些尷尬，但經常見面聊天的那五家店面老闆，後來都將我當作自己的么弟或是兒子，我跟他們學習了各式各樣讓店面成長的方法。

❷ 打造出被人引介的系統

我混熟的那五家店面是銷售額較高，而且對其他老闆有影響力的店面。所以當我拜訪沒那麼熟悉的其他店家時，會和這些主要店面的老闆一起，或是請他們事先代為轉述。像這樣透

過介紹之後，當我去拜訪其他店面，心裡就會比較輕鬆。

❸ 不用言語，改用文字溝通

一般來說，都會認為業務是要靠嘴巴做的。然而，當時我發現也有靠寫文章來做業務的方法，就在二〇〇五年建立了電子報系統。我開始將品牌的主要資訊、影響銷售情況的每週天氣、最新產品資訊以及拜訪全國經營良好的店家後掌握到的銷售技巧，都整理成文章和照片，跟全國各家店面分享。這個方式讓我負責的品牌創下史上最高的銷售額記錄，獲得史上最高的收益，同時也讓我成為一名真正的業務員。

在業務部門中，外向型的人用積極的言語和行動工作。對這樣的外向型來說，內向型的人不適合業務部，在他們看來內向型的人既讓人鬱悶又無能。然而，內向型可以用他們獨有的長處來工作。業務部的目標並不是「對陌生人好好介紹我們的產品和服務」，而是「提升銷售額」，所以不必受限於單一方法，可以使用其他的作法。例如，內向型可以用攏絡少數VIP顧客、透過引介拓寬客源、提高推薦率和回頭率、發送宣傳手冊和介紹資料提供顧客正確資訊的方法等來提升銷售額。而且像現在這樣零接觸的銷售持續發展的時期，內向型的銷售方式可能更適合。如果你正在煩惱自己是否適合現在的職場角色，可以問問自己：

1. 我所屬職務的目標是什麼？

2. 為了達成那個目標，我正在用什麼樣的方式工作？

3. 我具備什麼樣的傾向？能用我的做法達成目標的方法有哪些？

我認為如果能找到這三個問題的答案，不管是誰都能在職場上做出想要的成果。MBTI 的確是能呈現你天生長處和弱點的工具。不過，如果天生具備的能力決定了一切事情的發展，我們的人生將會變得很無趣。人生有趣的地方就在於自己擅長的事有時也會覺得困難，而自己不擅長的事，有時則能憑藉努力來突破。輕鬆一點地說，就算是真的很喜歡泡麵的人，也沒辦法一年三百六十五天，早餐、午餐、晚餐都吃泡麵，而是應該試著去品嚐更美味的食物，也要挑戰看看從未吃過的食物。

MBTI 是「幫助你做出選擇的工具」，它能讓你發揮長處，補強弱點。在你補強弱點的過程中，可以嘗試用不同於過去的方式來做。決定權在你的身上。

當主管是外向型／內向型

如果你曾經跟許多主管共事過，那麼你一定有發現，每個主管說話的方式都差很多。有些主管的個性很急，老是在截止期限前一直問：「你做了沒？還沒做嗎？什麼時候可以給我？」而另一種主管則是吩咐之後過了一週，突然要求你：

「上週跟你說過的資料用 e-mail 寄給我。」簡單理解外向型和內向型的差異後，在工作上，你就能找到與主管溝通更順暢的方法。

首先，外向型主管偏好快速行動的工作方式，而且他們比較喜歡所有成員都聚在一起開會，用口述的形式進行報告。開會時也會很快做出決策，並且立刻談到方案的執行。用一句話來說，他們當中有很多人是「在快速行動的過程中尋找新問題，然後再去解決問題」。然而，也容易有一個弱點，那就是在快速行動時，容易因為準備和企劃不足導致經常發生失誤，而且快速做出的決策，有時候也會在執行過程中遭到推翻。雖然下屬會經由電話或是簡單的會議向主管報告，並且在主管的同意下做出決策，但這樣的主管經常不記得具體的內容。

內向型主管的行動和外向型稍微不同。比起聚在一起開會，他們比較偏好用 e-mail 溝通；比起全體聚在一起，他們更喜歡經常與少數關鍵人員一起開會。他們獲取有深度的資訊後，會先擬定具體的企劃再開始工作。與外向型不同的是，他們的失誤雖然較少，但在執行和做決策上卻會出現拖延的傾向，所以有時會遭人批評太過被動。

因此，我想提出以下的方案：先口頭上快速對外向型的主管分享資訊，然後將對話或會議內容簡單整理後，馬上用 e-mail 或通訊軟體傳達：（1）主要議題；（2）對話中的決策

內容；（3）下次會議前該執行的事項和負責人。

相反的，面對內向型的主管時，我建議可以先用文字分享資訊，然後在文字的最下方補上「具體內容會在您告知可以開會的時間後，經由電話報告，或是敲定會議時間」。

面對外向型要配合他的速度，藉由記錄來捕捉發散的資訊和決策並連結起來，然後再繼續對話；面對內向型要先用文字傳達，給他思考的時間，然後再展開對話。雖然沒辦法用這兩種方法解決所有的問題，但是如果主管瞭解自己的特質，而且下屬也明白，雙方就能進行更高效的對話。

外向型（E）主管

優勢

1. 喜歡經常對話和討論。
2. 比起 email 或通訊軟體，更喜歡用電話溝通。
3. 嗓門較大，從語氣中可以知道他的情緒和想強調的內容。
4. 決定很快，執行導向。
5. 在執行過程中如果有必要會進行修正，會花很多時間在執行面上。

弱勢

1. 會議及討論太過頻繁，一再重複說過的內容。
2. 經常推翻之前的決策，有時還會忘記自己說過的話。
3. 參與會議時給人隨興、情緒化的感覺。
4. 會讓人覺得干涉過多。
5. 開會時並非縮減議題範圍，而是逐漸拓寬範圍。

內向型（I）主管

優勢

1. 喜歡獨自思考並整理的時間。
2. 比起面對面，更偏好用電話溝通；比起用電話，更偏好用文字溝通。
3. 說話大多維持一定的音量，不太表露情緒，可能會錯過強調之處。
4. 做決策時需要花時間深思熟慮。
5. 執行前會擬定計畫，並且花許多時間進行深度思考。

弱勢

1. 比起傾聽他人意見，更傾向按照自己的想法做出結論。
2. 執行之前花費太多時間。
3. 有時候很難捕捉他的重點在哪裡。
4. 看起來很難親近且對建立工作之外的私人關係沒興趣。
5. 做決策時需要花很多時間。

外向型和內向型
共事的方法

#外向型 E   #內向型 I

　　積極參與外部活動的外向型和積極進行內部活動的內向型如果一起工作，會發生什麼樣的事？假設有兩組人共用同個工作空間，其中一組是以外向型為中心的小組，另一組是以內向型為中心的小組。光是從這兩組成員早上到公司上班的情景，就可以看出差異，外向型較多的那一組在早上時，會用有活力的語調和周遭的人打招呼。由於他們邊跟人聊天邊進辦公室，所以要花一些時間才會坐到自己的位置上，然後該小組的組員們會習慣性地聚在一起，邊喝咖啡邊聊天，一起度過 Coffee Chat 的時間。這時候的他們通常分享自己昨天的經歷，聊聊電視劇或運動比賽的結果等。

　　相反的，內向型比較多的那一組大多是各自帶咖啡來上班，而且簡單打過招呼（或是不打招呼）後，就在座位上坐下來，立刻打開電腦開始工作，又或是暫時離開，獨自或兩個人一起去喝咖啡。

　　在我舉辦 MBTI 工作坊之前，這兩種小組都以比較負面的

視角來看待對方。內向型小組覺得外向型小組「很吵鬧」、「每天光是在聊天都沒在工作」，而外向型小組認為內向型小組「缺乏人情味，對彼此毫不關心」、「只顧著工作」。然而，他們都透由 MBTI 工作坊，在互相理解的基礎之下，尊重彼此的特質，嘗試改變原本的行為，也就是改變了「觀點」。

關於內向型，你需要知道的事

要記得，內向型的人從認識到信賴他人需要一段時間，所以內向型的人在談論私事方面，需要比外向型花上更多的時間。另外，面對內向型時，先跟他搭話或者詢問他的意見會比較好。

> **內向型可能會對外向型過多的表達和有活力的模樣很有負擔。**

上班時，內向型的組員喜歡一個安靜且能規劃當天日程並投入工作的環境。然而，當他走進辦公室時，看到附近同事聚在一起邊喝咖啡邊聊天，吵吵鬧鬧的模樣，心裡會有什麼樣的感受？他馬上就會感到焦慮。我建議，為了不打擾內向型，讓他們一早能做好工作的準備，Coffee Chat 可以在辦公室以外的空間進行，像是大廳、會議室或公司內部的咖啡廳。

> 在聊天時，內向型的反應速度會比較慢。

　　在會議中或對話時，內向型開口說出自己的想法之前，偏好先思考並擬定計畫。所以有人提問時，他們會進入短暫的沉思中。對內向型提問時，比起立刻要求回應，最好先給他們一些思考的時間。如果是在會議中，詢問他們：「你要不要先將想法記在備忘錄或便利貼上面？」也不失為一個好方法。

　　以前我在集結公司全體員工分享資訊的大會上，被執行長問了問題。當時，他邊提問邊遞麥克風給我，要我回答。因為我在公司中算是經歷和年紀最長的幾個職員之一，而且平時也經常和執行長談話，所以他知道我會怎麼回答。但我的反應是什麼？雖然我表面上若無其事地回答了問題，實際上卻忍不住冷汗直流，我的身體非常緊張。對內向型的人來說，在人多的場合中受到注目是非常難熬的，可能瞬間就會被冷汗給浸濕。雖然我很習慣站在群眾面前，但這次經驗讓我重新體會到，事先準備好的演講或是進行一對一的指導，和突然被 cue 到，必須抓著麥克風回答問題的狀況，其實還是有相當大的差異。因此，如果換作是我，我會說：「等一下，我會問○○問題。」或「這個問題我等一下會請大家回答，你們先思考看看。」或是先問外向型組員的意見，然後再請內向型的組員回答。

關於外向型，你需要知道的事

外向型如果沒辦法用言語表達想法，就會開始有壓力，所以必須讓外向型的人自在表達自己的看法。如果不讓外向型表達，他們就會覺得自己不重要、不被尊重。尤其是對外向型的主管講重要的事情時，必須展現出很有活力、有熱忱的模樣。

> 外向型覺得用言語溝通比用文字溝通自在，而且工作以外的日常對話，能給予外向型與人共事和工作的動能。

建議在早上上班時，與外向型開心地打招呼，並且可以更常與他們一起吃飯或喝咖啡聊天，然後與彼此分享工作相關的經驗。雖然並非所有外向型都是如此，但外向型大多偏好與人面對面聊天來獲取能量。因此，早上開始上班的時候、喝咖啡的時候等許多人聚在一起的地方，如果太過安靜，他們看了反而會有壓力，覺得好像要努力說些什麼話來炒熱氣氛。

另外，與外向型的人寒暄時，可以試著由內向型先提問，讓外向型同事能開口回答，像是「昨天有什麼有趣的事嗎？」如果對外向型說的話做出積極的反應，就算是很小的回饋，他們也能獲得很多能量。

> 面對外向型時，反應要快一點。

　　外向型問完問題後會等幾秒，平均三秒以內他們如果沒聽到回答，可能就會開始催促：「怎麼了？該怎麼做？趕快說。」外向型的等待時間平均是三秒，這和平均七秒的內向型是完全不同的層次。在工作時也是一樣，與外向型主管對話完或是結束會議後，如果以內向型的速度處理工作，就可能會聽到主管問：「什麼時候能做好？你還沒開始做嗎？」因此，與外向型對話或者工作時，需要稍微配合他們的速度，因為他們的動作很快。除此之外，也可以先開口詢問：「我能不能稍微想一下後再說？」

　　如果要跟外向型合作，最好先詢問好工作時程。舉例來說，當外向型主管提出某項要求或是分配某項工作，就要問他：「什麼時候要做完？」、「什麼時候可以開始做？」像這樣事先確認開始和結束的時間，會對你很有幫助。這麼一來，你就能配合外向型的時間，而且有利於爭取更多內向型需要的時間，例如：「請問可以再多給一天的時間嗎？我覺得花點時間確認後再開始會比較好。」

職場上的
實感型和直覺型

#實感型 S　　#直覺型 N

　　實感型和直覺型的功能差別在於「獲取資訊的方法」。實感型偏好照實接收資訊，或是從過去的自身經驗中獲取資訊；而直覺型偏好從有創意的構想和突然浮現的想法中獲取資訊。

　　舉例來說，看到這張風景美麗的照片，實感型會一邊觀察照片，一邊將眼中所見的「照實」描述出來：

1. 有兩棵樹。

2. 這是一座島嶼。

3. 可以看見遠方更大的島嶼。

相反的，直覺型看見照片後，以描述自己的感覺為主：

1. 看來拍照的人是努力工作後跑去度假的。

2. 感覺很適合在那個地方住上一個月。

3. 很想跟朋友一起去這裡。

工作的時候也是一樣。實感型會根據事件的實際狀況照實描述，他們有時會按時間順序，有時會將人和狀況區分開來。「在 A 地發生了 B 事件，C 說：『希望可以到此為止。』」他們會根據自己的所見所聞照實描述事實。然而，即使有著同樣的經歷，直覺型的人還是會在描述時補充自己的感受。「C 好像不想再跟我們一起工作了，在會議上他感覺有很多不滿。」

在職場上，實感型和直覺型最明顯的差異就在工作方式和溝通方式上。實感型喜歡用具體的數據和描述來說明，還會將過去自己團隊和公司做過的方法，並與大家分享其他公司的成功做法；相反的，直覺型偏好使用跟以往不同的方法，所以會想提出全新的方法，或是推動新的方法。簡單來說，實感型會以自己已知的知識和過去的經驗為中心來工作；相反的，直覺

型會想使用沒嘗試過而且來自陌生領域的構想。以下就來談談這兩個類型的工作方式差異。

對目標的看法不同

設定目標是組織中最重要的事,因為時間和資源的運用會根據目標來決定。假如設定了一個比過去成長 5 到 10% 的目標,你們可能輕易就能達成目標,推動工作時也會相對穩定。就算照著以前的方式工作,最少也能達成 90 到 95% 的目標。另外還有一項優點,那就是可以具體規劃該怎麼工作,而且要剔除在過程中出現的各式各樣的變數,也不會太困難,因為這並沒有脫離原本的工作方式太多。

相反的,如果設定了一個比過去多成長兩到三倍的目標呢?又或是設定了一個之前從未有過的目標,狀況會怎麼發展?簡單想想就會知道,用以前的方式絕對達成不了。直覺型的目標用既定的方式無法達成,所以他們才會更努力尋找新的方法。

雖然並非所有人都一樣,但前者是實感型的人在設定目標時常用的方法,後者是直覺型的人在設定目標時常用的方法。實感型的人設定目標時,重視的是「達成率與完美程度」;直覺型的人在設定目標時,重視的是「跟以前不同的遠大目標、全新的目標」。

然而，兩者都有弱點。實感型的人不擅長設定沒經歷過的目標或是不熟悉領域的目標；直覺型的人會設定出與上級組織目的不一致、純粹為了滿足自身好奇心的目標，或是沒有考慮到現實資源的目標。

　　設定目標時，關於「採用哪種方法比較好？」這類的問題並沒有正確答案。不過根據你設定目標的目的，能決定相對適合的方法。組織內的目標必須要與上級組織的目標一致。也就是說，小組的目標必須要配合公司或是該部門的目標。我認為不管是由哪種類型的人來設定目標，首先要問的是：「該目標是否與上級組織的目標一致？」再來要問：「達成這次設定的目標後，我們是否能更加成長？」

　　不過，目前說明的類型差異，在某些狀況中並不會反映在目標的設定上，也就是像「評價」這種會導致天生特質受到環境影響的制度。假如組織給予百分之百達成目標的員工 A 級考核結果以及高額的績效獎金，而且主管也讚譽有加，認定該員工為優秀人才，那麼還有誰會想設定更高的目標呢？在理解 MBTI 的時候，必須像這樣剔除環境因素。

　　舉例來說，像我就是實感型功能非常發達的人，因為有些部分已經有經驗了，所以我每次設定目標的時候，都會同時擬定好該如何執行。不過，回顧時就會發現「**當自己挑戰全新目標的時候，也是自己有所成長的時候**」。

挑戰嘗試過的目標時，由於已經很瞭解了，我並不會努力學習。然而，挑戰沒經歷過的目標時，雖然壓力很大，但是會學到新的方法，也會去找別人問問題，學到新的工作方式。度過那段枯燥的時間後，就會發現自己正在成長。那時候我才意識到，如果為了成長而設定與我的傾向相反的目標，反而讓我更努力想將自己的長處發揮得更好。

提出構想的方式不同

工作的時候最常用到的功能就是「感覺」和「直覺」。假設你必須完成一個從未做過的工作、目標或是專案。這時，實感型和直覺型會從不太一樣的觀點切入。

對於新工作，實感型的人會先從「我之前做過的類似經驗」開始思考，他們會去尋找過去的數據，也會將一直以來蒐集的相關資料列印出來。這是為了提取自己累積到現在的經驗，而且他們回顧過去的經驗後，會從中篩選出適合用在這次專案中的方法。假如給他們更多的時間，他們還會去找做過類似工作，或是擁有專業知識和經驗的人，詢問他們並從中學習。就像這樣，實感型的人開展新工作的方法是「提取過去的知識和經驗，或者向某人學習新的方法」。因此，實感型的人在學習的時候有一個習慣，那就是「找出一個能套用到這次工作中的東西」。

直覺型的人被分配到新的工作或是之前沒嘗試過的專案和目標時，會怎麼採取行動呢？他們首先做的是「思考」，這時候的思考可能是想像，也可能是在擬定方案。因為這是跟之前完全不同的目標，所以他們想像的目的是為了「尋找與之前不同的策略和構想」。若說實感型是以經驗為中心來尋找，那麼直覺型就如同初次在白紙上畫畫般，尋找新的構想。

同樣是實感型或直覺型的人，也會根據外向型和內向型的特質而表現出不太一樣的行為。這在 MBTI 中被稱為「四分法」，有 IS、ES、IN、EN 四種組合。雖然同樣是實感型，但外向型的人會偏好使用外部的經驗，內向型的人則會偏好使用自身的經驗。先從自身經驗開始找起的人是 IS 類型，從外部經驗和知識獲取資訊的人則是 ES 類型。而直覺型的內外向差異為從內部或外部獲取能量，所以 IN 型的人會安靜地獨自思考，偏好沉浸在有深度的想像當中，而 EN 型的人偏好和具備其他知識與經驗的人進行腦力激盪，在聊天的過程中談論構想，並擴張思考的廣度。不過，也並非全都是這樣。你覺得最舒服的行為就是你的「功能」，如果還有一點時間，就會用自己不偏好的其他方法向外擴張。

身為 IS 的我在工作的時候總是先想：「我過去做過什麼樣的事？有哪些是我原本就知道的內容？」提出構想的時候，也會說：「我之前做過○○，這次感覺可以用類似的方法進行，我會將之前做過的資料分享出來。」從過去經驗的角度

切入。相反的，身為 EN 的同事則希望將自己的構想分享出來，因此會說：「現在有空嗎？我想到一件事，請聽我說說看。」聽完他的分享，過一段時間後，身為 IS 的我也會說：「我有一個點子。」然後跟其他人分享腦中新浮現的構想。此時，EN 就會說：「對吼，我一年前也有過解決類似問題的經驗。」如此一來，彼此都將自己的經驗提出來討論。可以將這些看做個人覺得哪一種行為比較舒服而先做那個行為所呈現出來的差異。

如果瞭解自己的特質，實感型的人可以養成將自身經驗記錄下來整理好的習慣。列印資料並畫線來確認內容，應該可以有所幫助；不斷地累積各式各樣的知識和經驗，也會對自己有益處。如果能在執行工作的時候，輕易提取過去的經驗就更好了。另外，我推薦直覺型的人去找找思考的線索，同時也試著和能幫助自己激發構想的人見面並對話。

撰寫報告的方法不同

工作時無法避免的就是報告，特別是有許多必須用 e-mail、通訊軟體、報告等文字來表達的狀況。不過，這種時候實感型和直覺型的表達方式也會有所差異。舉例來說，在下頁兩份報告中，實感型和直覺型撰寫的報告分別是哪一個？

 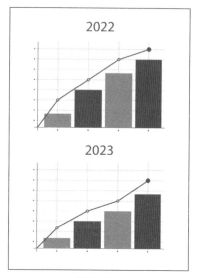

報告 A　　　　　　　　　　　報告 B

　　這兩份報告充分呈現了實感型和直覺型代表性的特質。首先，實感型的人喜歡具體的表達方式，也就是說，他們報告的數據和資料來源都很明確，因此他們報告上的文字和數字較多，並且經常以圖表的形式來呈現。優點是具體的呈現能讓所有人都接受到類似的觀點，不需要額外再提問。缺點是文字太多，很難辨別哪個部分是重點，光是閱讀報告本身就會消耗許多能量。

　　相反的，直覺型的資料雖然也有圖表和數字，但是光看資料很難理解該數字的意義，也就是說，通常還需要經過說明。優點是可讀性很高，能清楚用圖形、插畫和圖表呈現出欲表達

的內容，但弱點是閱讀的人在解釋內容上可能會遇到障礙。

從這些特質來看，輕易就能分辨實感型和直覺型撰寫的報告。實感型撰寫的是報告 A，直覺型撰寫的是報告 B。

當主管是實感型／直覺型

實感型主管最常犯的失誤就是用「我之前做過……」來陳述自己的經驗。當主管提到自己的經驗時，組員會有什麼反應？通常是馬上會聯想到「想當年、老人和答定你[2]」等負面印象。不過，我認為要求實感型的主管不要分享自己的經驗，等於是在阻止他、不讓他發揮自己的長處。因此，要不要試試以下的方法？

實感型主管在分享自身經驗時，可以先將個人經驗作為參考提供出來，但最後還是要找出符合當下狀況的方案，像是：「我之前在類似的狀況中嘗試過 A 方法，當時那個方法滿適合的。現在的狀況稍微有點不同，我認為我們可以參考 A 方法，然後一邊找找看現在我們需要的點子。」

另外，組員如果詢問實感型主管的經驗並從中獲取建議，也會很有幫助，像是：「組長，請問你有沒有類似的經驗？」

---

2 為韓國流行的新造詞，意思是「答案已經決定，你就那麼回答」。指某些人在問問題時，只想從對方口中聽到自己預期的答案。

或是「組長，你能不能分享值得參考的經驗和資料？如果有的話，我們會根據那些內容來尋找構想。」

以下再多分享一個訣竅，與實感型主管溝通或報告的時候，可以邊說邊分享過去的參考資料。「現在跟你報告的內容，之前 A 組有用類似的方法做過。另外，雖然有些不一樣，但我們的競爭對手 T 公司也採用過○○這個方法，就是你現在看到的影片內容。」像這樣分享案例，實感型主管就能快速學習自己不知道或者沒經驗過的內容，然後做出決策。實感型主管無法做出決策的原因，大多是「不瞭解或是自身沒有相關經驗」的時候。

至於直覺型主管很重視將新構想和目的對齊的方法。有趣的是，有許多上班族一開始都覺得直覺型主管說的話很難懂。原因是其中有很多「太過創意」或是「超前時代」的創新點子。另外，他們的表達方式又不太具體，在說明過程中會夾雜隱喻和比喻等，導致其他人明明在同一個空間對話，卻各自想著別的東西。

因此，直覺型主管在表達自己的想法時，需要提供可以參考的資料，或是在白板上藉由圖畫或圖表來說明。這時候如果能同時進行問答，也會有所幫助。

要求直覺型主管做出決策時，最好的方法之一就是「增加與之前不同的新策略」。在報告時這麼說：「本次報告內容中

的 A 方法是之前沒有用過的方法。」如果像這樣強調，主管的內心就會稍微往「OK」的方向多靠近一點。

　　若說實感型主管重視的是我們「能否達成目前被交付的目標」，那麼直覺型主管重視的就是我們「未來想繪製出什麼樣的藍圖」，看重的是未來的願景和使命。可以說雙方看的是不同的時間點，一個是看現在，一個是看未來。然而，在這兩種主管身上還是可以找到共通點，那就是「想做得更好」。要不要從這個觀點切入，試著找出跟他們順利工作和溝通的方式？

實感型（S）主管

優勢

1. 喜歡設定切實又實際的目標（How）。
2. 喜歡具體溝通、告訴他人詳細的計畫和案例。
3. 觀察力卓越，經常說出別人沒察覺到的東西。
4. 喜歡做出實際且實用的決策。
5. 相信親自經驗過的事情，偏好採用以前試過的經驗和方法。

弱勢

1. 不喜歡設定有挑戰性或是全新的目標。
2. 不喜歡沒瞭解過和沒親自做過的方法。
3. 主管的計畫和溝通太過具體且詳細，導致組員產生自主權被剝奪的感受。
4. 接觸到有創意的想法時，看起來很不適應。
5. 在工作推動的過程中，有企圖瞭解所有狀況的傾向，導致溝通時間變得比預想的更長。

直覺型（N）主管

優勢

1. 對未來導向的願景和使命很感興趣（Why）。
2. 會想用新方法、革新的方法或有創意的方法來解決問題。
3. 接觸到現實的議題和問題時，喜歡找出表面上看不見的脈絡和原因。
4. 喜歡解決沒有正確答案的複雜問題。
5. 認為整體計畫和方向很重要。

弱勢

1. 看起來像是忽略了當下緊急的問題。
2. 容易被誤解成不重視過去做得好的方法或是日常的例行工作。
3. 溝通太過模糊且不具體，聽的人可能會各自有不同的解讀。
4. 太過遙遠的藍圖和使命看起來很難實現，容易造成不安。
5. 容易被誤解成要獲得這類主管的認可，就必須「每次都想出新方法、新技巧和新工作」。

實感型和直覺型
共事的方法

`#實感型 S`　`#直覺型 N`

　　有個實感型經常問的問題，那就是：「要怎麼做？」這代表他們覺得將對話的焦點放在「How」上面時會比較舒服。那麼，直覺型常問的問題是什麼？「目的是什麼？」、「做那件事能改善什麼？為什麼一定要做？」是這類關於「Why」的問題。這是我們在專注於現在的實感型和煩惱著未來的直覺型身上，所能看見的最大差異。

　　瞭解實感型和直覺型的差異後，也能從作家身上發現那些差異。最具代表性的作家就是《老人與海》（*The Old Man and the Sea*）的海明威（Ernest Hemingway）和《小王子》（*Le Petit Prince*）的安東尼‧聖修伯里（Antoine de Saint-Exupéry）。海明威在《老人與海》中具體描寫老人與鯊魚的決鬥，還用數字描述鯊魚的體重。書中的內容非常生動，所有讀者都能在腦中描繪出類似的畫面。相反的，身為直覺型的聖修伯里在《小王子》中安排了許多我們從未想像過的各式各樣橋段，他讓我們將帽子想像成「吞了大象的蟒蛇」，還讓會說話的狐狸用做夢

般的口吻談論「馴服」。我的實感型特質也特別發達,所以寫文章時都會盡可能用具體的方式來書寫。

關於直覺型,你需要知道的事

> 直覺型希望他們創新的意見能夠獲得高評價。

　　實感型喜歡將焦點放在實際的方法上,而直覺型則是在自己創新的構想獲得稱讚時,更能產生動力——也就是在他們聽到這類型稱讚的時候:「你怎麼想到這種點子的?」「這跟以前的點子都不一樣耶!你再多講一點。」因此,與直覺型的人對話時最需要注意的地方是,當他們分享新的構想或看法時,不要說出會打斷想像的問題,像是「你要怎麼做?」、「那件事現在重要嗎?」、「你做過了嗎?」之類實際面的問題。

　　此外,最好盡可能鼓勵直覺型的人,讓他們在做決策之前盡量多去想像,最大範圍地擴大構想的規模,然後再問:「現在想到的點子中,有哪一個是一定要做的?有哪個是可以馬上執行的方法?」當直覺型沒辦法再想出更多的點子時,他們的動力就會下降,也會產生不想再繼續工作的心情。這時從「這件事的意義、會帶來的影響、未來的可能性有多麼大」等切入點說服他們,就能讓他們再次產生動力。

> 直覺型會想要瞭解現在要做的事情有什麼意義和目的。

　　以前在某個新創公司的全員大會上，CEO 分享了公司長期的願景和使命，並且和大家討論為此該做的事和不該做的事。然而，這時候有一個主管發問了：「執行長，我明白你剛剛說的內容。不過公司現在最重要的是生存下來，那些願景和使命很重要嗎？我認為現在更應該專注在提高銷售額上面。」對此，CEO 如此回答：「你說的也沒錯。不過我們是新創公司，新創公司最重要的就是願景和使命。雖然銷售額也很重要，但更重要的是我們為了實現願景和使命，無條件沿用目前的方法並不正確。」

　　這場辯論進行了很長一段時間，一起參與全員大會的員工們也發表了各自的看法，變成了一場討論大會。我微笑看著這幅光景，在會議結束後分別給 CEO 和該名主管傳了一封訊息：「今天這場對話是重視當前目標的『實感型』和重視未來願景和使命的『直覺型』之間的對話耶！但我看得出來，兩位其實都很重視公司的成長和成功。」

　　雖然這兩位都和我一起進行過五到六次 MBTI 的工作坊，但實際討論事情時，還是自然會按照自己的傾向行動並對話。像這樣，去關心並傾聽與自己不同類型的話題相當的困難。不過可以確定的是，關於 How 以及 Why，還有想要達成的

What，我們都必須取得共識。

我想提議的是，可以先定下對話的順序：先說出「What」
（我們工作的目的），然後就「Why」（之所以要達成該目的
的理由及顧客需求等）達成共識後，一起討論出彼此都同意的
「How」（中長期的策略以及執行策略的構想和行動計畫）。
實感型和直覺型如果在「What」上取得了共識，就可以設定
帶有未來觀點的願景和使命，也可以利用直覺型的思考方式，
將跟之前不同的創意構想往外擴張，然後活用實感型的特質，
討論出可執行的策略以及將構想具體化的順序。

如果依照上述方法擬定經營計畫，就能發揮長處，找到跟
之前不同的策略和構想，同時還能增加可能性，找到創造可實
現環境的實際辦法。

關於實感型，你需要知道的事

> 實感型很難理解自己沒經歷過的內容。

跟實感型對話或者工作的時候，最困難的部分就是「經
驗」。這指的是他們聊到自己過去的經歷時，理解得很快，要
讓對話延續下去也很容易，但他們沒辦法想像自己不曾經歷過
的事情，也不太能理解那些內容。所以直覺型的人如果提出新

的構想，實感型的人就會做出「難以理解」的反應，或是「這是什麼天外飛來一筆的話題？」、「現在都已經這個情況了，重點不該擺在那吧？」之類。尤其當主管是實感型的人時，要主管用不瞭解或者過去沒做過的方式工作，甚至是批准那樣的工作方式，都是非常困難的一件事。

這時候要做的就是讓實感型的人學習。直覺型的人可以準備參考資料，或是藉由圖畫、圖表等圖示化的方式來說明，也可以搜尋新聞或是公司外部其他類似的案例，將資料分享出來，好讓實感型的人能體驗並理解直覺型想到的新點子。要盡可能清楚、直接且根據固定的框架來說明。如此一來，分享能幫助實感型多體驗、多理解的學習資料，直覺型的構想被採納的機率就會增加。

曾經有一個案例是，一名直覺型的設計師和實感型的商品企劃（MD）很常起衝突，設計師交出設計案或者構想時，MD 就會頻頻發問：「那個是什麼？」、「那個要怎麼做？」，導致直覺型設計師不想繼續談論，後來就算有新的構想，也不想再提出來。然而，他藉由 MBTI 工作坊理解了實感型的特質後，變得會在提出構想時附上簡單的圖畫或是設計相似的其他公司樣品，結果獲得了許多「很好看耶！這個點子很有趣！」的回饋。務必記得，實感型是以過去作為起點，比起革新，他們更注重改善。

實感型並不只對直覺型的新構想沒有反應而已。假設有兩個同樣是實感型的人，一個有十五年資歷的實感型，將工作分配給只有五年資歷的實感型，或是給予他工作上的反饋，那他們之間也會發生與上述內容類似的狀況。也就是說，十五年資歷和五年資歷之間有十年的差距，這個差異會呈現出許多知識與經驗上的隔閡。因此，十五年資歷者談論的許多內容，都會讓五年資歷者陷入一個無法理解的狀態。相反的，當二十來歲的實感型和五十來歲的實感型，就顧客的不滿與需求這個主題來發表言論時，也會有不同的表現。實感型的人無法正確表達或是確實理解的內容，或許不是因為他們不知道，而是因為他們還沒有這些經驗。要不要試著改從這個角度思考看看？

> **實感型會想瞭解具體的目標、方法和期間。**

直覺型在提出新提案或是給予回饋時，會讓人覺得有些抽象或是憑感覺——「顧客好像不會喜歡」、「這部分要設計得漂亮一點」像是這類的表達方式。然而，實感型的人想知道是哪個部分為什麼造成那種感受，然後對方具體想要的又是什麼樣子或是哪個方向。可以試著給予具體的意見，或是在提問的過程中一點一點地擴充想法，例如「這個產品的把手部分凸出來了，顧客在使用時可能會覺得不舒服。」、「這邊光是一個畫面就有六種顏色，顧客在看的時候可能會覺得混亂。要不要

減少三種顏色？」

　　與主管對話時，實感型和直覺型也會有不太一樣的表現。主管如果說：「你要不要試著用 A 方法做做看？」那麼實感型的人就會「照著主管的指示去做」；相反的，要直覺型的人完全照著指示做，對他們來說可能會有點不舒服，他們只能「努力做出在做 A 的樣子」。反過來看，當直覺型主管給予實感型組員不具體的回饋時，實感型組員可以試著提出問題來獲取具體的回答。舉例來說：「組長，請問我如果要修改你講的那個部分，應該調整哪個地方比較好？如果有我可以參考的案例，請你告訴我。」、「你說的部分我用 A 方法進行修正後，在明天下班之前重新用 e-mail 寄給你方便嗎？」可以詢問這類的問題。

職場上的
思考型和情感型

`#思考型 T`　`#情感型 F`

　　思考型和情感型的功能是「決策」，也就是「做出決定我行動方向的選擇」。思考型傾向做出「符合基準和原則的決定」，制定基準和原則的理由，是因為他們喜歡為「達成目的和目標」做出貢獻，而情感型則是會先考量「根據基準和原則做決策時，對某某會造成怎樣的影響」，然後再做出適合的決策。如果單純以做決策的標準來判斷，只重視基準和原則的思考型看起來就像冷漠的人，而照顧到許多人感覺的情感型就像是溫暖的人。

　　然而，思考型明確的決策基準，對許多人來說是可預測且符合普遍邏輯的；情感型的體貼則讓人覺得優柔寡斷，而且他們有時會偏袒與自己親近的人，做出有利於那些人的決策。與其說哪種人更優秀、更好，不如說所有人都擁有優缺點。接下來，我們一起觀察人們在職場上各種決策狀況下的行為特徵，藉此思考自己的特質以及同事們的特質。也就是說，去理解為了解決某個問題而掌握全盤狀況、從邏輯的層面切入理解，進

而找到問題並著手解決的「思考型」，以及思索該狀況會造成什麼影響、會帶給一起工作的同事什麼影響的「情感型」兩者之間的差異。

做決策的方式

思考型的最大特質就是「注重邏輯」，這裡的邏輯指的是因果關係，同時也是具體的根據。思考型在做決策之前，常會問：「所以這件事情會怎麼發展？」、「可以只講事實就好嗎？」、「你做決策的基準和理由是什麼？」、「你做出這樣的判斷有什麼根據，或是可以佐證的資料嗎？」、「如果按照現在說的方法去做，你能預測到接下來的走向嗎？」而且他們還經常將透過這些問題導出的各種意見、方法和預想的結論串連起來，確認因果關係，並進一步給予評價、做出判斷。

相反的，情感型最大的特質是「個別化」。他們相信不能把單一基準套用到所有的狀況，而是應該要考量每個人所處的環境及特性。因此，情感型的人經常使用理解並認同每個人的言語，也擅長認同、稱讚、鼓勵和共情的表達，像是「喔～原來是那樣！」、「那時候你還好嗎？會不會很傷心？」、「現在覺得怎麼樣？有比較好了嗎？」、「很抱歉我沒跟你一起去，我那時候應該要在你身邊才對。」等體貼他人的言語。有趣的是，很多人即使自己是情感型，在公司還是會努力使用思

考型的功能。所以用 MBTI 來給予指導時，偶爾會遇到測出相反類型的狀況，這時候如果去瞭解他們當下的行動和心情，就會知道那些行為背後的原因——他們是為了成為公司要求的角色，才使用思考型的功能「根據基準和原則做決策」。

如果過度使用思考型的功能，很容易會讓對方覺得不愉快，產生「為什麼要這樣對待我？他討厭我嗎？我做錯什麼了嗎？」之類的念頭。有位思考型功能很發達的某大企業主管，曾經苦惱地表示自己與組員對話時，往往感覺溝通很不順。當時，我先瞭解那位主管的表達方式後，發現他經常丟出令人感到壓迫的問題：「你們為什麼提出這樣的企劃？如果從相反的方式去做，會發生什麼事情？客戶想要解決的問題是什麼？」而那些問題會讓組員們產生「看來我又做錯什麼了」的想法。

事實上，主管的提問單純只是在針對目前狀況，他是為了做出決策而想瞭解更多必要的資訊，例如組員是如何執行該項工作，而他們又企圖藉由什麼決策來取得進展等，全盤了解後，他才能做出更正確的決策。

要避免這類誤會產生最好的方法，就是在團隊內制定對話的規則。舉例來說，有一個組織將「行動後學習機制（AAR，全名為 After Action Review）」的回饋方式套用在工作方法上。AAR 指的是主要專案或者任務結束後，聚集所有共事成員，在達成該目標的過程中一起提出問題。

AAR 的五個問題

1. 期待的目標／目的為何？
2. 目前達成比例是多少？差距多少？（正向／負向）
3. 產生差距的原因為何？（預測之外的成功／失敗是什麼？）
4. 哪些事情應該繼續做？
5. 哪些事情應該停止不做？（該修正的部分？）

光看問題就可以知道這是適合思考型的對話方式，所以情感型接觸到 AAR 的時候，可能會覺得不舒服或害怕。然而，假如 AAR 就是公司例行的工作，那該怎麼辦？逃避不了，就必須得適應。因此，這個團隊制定了幾項規則，而且還以該規則為基礎準備了一套指南，讓思考型和情感型能夠根據目的來做出決策。

1. 不責備任何人。

   → 錯的不是同事，討論的時候必須聚焦在行為上。

2. 所有人都必須參加，所有成員都要說出自己的想法。

   → AAR 的目的在於聚集所有成員，分享各式各樣的觀點。

3. 誠實地說出來。

   → 就算是小事也必須表達，不要隱瞞。

4. 不要情緒化的表達。

   → 允許「很傷心」、「很難過」這類的情緒表現，但

不要摻入情緒化的表情和語調。

5. 討論時忠於事實。

 → 並非純粹表達意見，而是要以實際的事實為基礎來
  討論。

6. 不能有任何報復行為。

 → 會議結束後，要忘卻彼此感受到的情緒，可以一起
  吃飯、喝咖啡，把情緒忘掉。

7. 做決策的目的是為了客戶和團隊。

 → 做最終決策時，要選擇更能達成團隊目標、滿足顧
  客需求的決定。

以各自的長處為團隊貢獻

 我們的性格不是非 A 即 B，不僅是思考型和情感型，還有外向型、內向型、實感型、直覺型，以及判斷型跟感知型，這些類型的特質我們全都擁有，而且正在使用。只不過，在那當中有自己覺得更舒服、更常使用的特質罷了。在緊急的關鍵時刻，或是在你沒察覺的時候，下意識地自然採取行動的那個類型，就是你偏好的類型。不過，當我們有時間思考，或是從周遭人獲得回饋，又或是有人因為自己自然的行為而不舒服的時候，我們會考慮採取相反的行動，偶爾還會做出自己不偏好的相反行為。雖然你的人格特質是天生的，但回應環境、適應環境的那個你，也一樣是你自己。

在團隊中作為其中一員工作的時候也是一樣。每個人都有能為團隊貢獻的天生性格，相反的也可能都有在團隊中感到不適的部分。當你認知到這些狀況時，就能從中找出自己擅長的行為。

以前我在舉辦 MBTI 工作坊的時候，有一個由五個人組成的影像製作小組，成員是一名主管加上兩名資深組員，另外還有兩名新員工。他們在工作坊中展開尋找團隊長處和弱點的對話後，發現了一件事，那就是他們製作內容的風格，恰好反應出成員們的長處和弱點。

主管和資深組員等三個人都是思考型的，而另外兩名新員工是情感型的。團隊執行業務時，通常是一名前輩搭一名後輩新人，分別以正副手的身分工作，副手會在工作過程中向正手提問，接受正手的指導，最終決策雖然是由本人決定，但通常都會和主管討論後再做。影片製作組工作成效很好，考核成績也很高，不過主管和資深組員還是發現了一個狀況：「我知道我們小組為什麼做不出富含情感的影片了。身為主管的我和兩名資深組員都是更常使用思考型功能的人，所以當情感型的後輩交出富有情感的影片時，我們好像沒辦法看懂。」後來，他們在工作方式上做了很大的調整。注重劇本邏輯的影片交由前輩主導，而遇到必須傳遞情感的影片時，前輩們和主管就全權交給情感型的新人去做。這麼做的理由很簡單，就是為了避免思考型的長處阻礙了情感型發揮長處。

思考型做事的時候會準備許多分析資料，並且偏好以這些資料為基礎來做決策。在過程中，他們會藉由對話將能呈現因果關係的原因和結果連結起來。他們很擅長尋找問題的原因，在提出方案來解決問題這點也具備優勢，而且還擅長透過各式各樣的問題，聆聽所有參與對話的人的看法，將思考範圍擴張出去。除此之外，在這過程中他們甚至會想到其他同事沒看到的相反觀點。

相反的，情感型的長處則是能活用共情能力找出顧客的不滿與需求，成為銷售專家，也能憑藉與同事之間的良好溝通來居中協調彼此的合作跟矛盾。他們會透過認同和稱讚來加強同事工作的動力，或是藉由拉近距離的溝通與關心來協助新進員工適應環境等，成為替團隊帶來活力的開心果。

最重要的是，為了團隊的目標和目的，我們必須懂得區分和選擇──「該怎麼運用我具備的長處？」、「我應該補強的弱點是什麼？」

周遭人犯錯的時候

有一年選舉季我在家裡看電視，播到有關競選人配偶的新聞時，身為情感型的妻子問了我一個問題：「如果配偶犯罪，你會怎麼做？」聽到這問題後，身為思考型的我回答：「犯了

罪就應該要受罰。我應該會陪她到警察局自首。」妻子說：
「但那是他的伴侶啊！又不是別人，難道不能理解對方嗎？」
當思考型的女兒也說「應該要受罰才對」時，我更確信這種情
緒化（？）的表現無關乎性別，而是類型的特質。

在職場上也是一樣。工作上發生問題或是發現錯誤時，思
考型和情感型的反應會稍微有些不同。思考型會覺得應該將問
題搬上檯面，才能夠解決那個問題，而他們做決策的出發點是
根據明確的基準和原則來解決問題。即使親近的朋友、家人或
是其他特殊狀況，都無法成為干預決策的變數。思考型偏好的
決策方式在解決問題上確實能起作用，卻很難引起大家情感上
的共鳴。

相反的，當問題浮出表面時，情感型煩惱的是當事人會受
到的影響，在解決問題之前，他們會先關心每個人的感受，透
過關心對方的言語和行為來擄獲人心。雖然這會讓人覺得他們
人很好，但從組織和團隊的觀點來看時，會製造一種無法確定
下一步的模糊感。

發現錯誤的時候，我們應該怎麼做才對？這也沒有正確答
案。不過，我想說的是，重點在於「目的」。假如要在徵才的
過程中關照到每一個人，那公司就必須要聘用所有的應徵者。
另外，如果只依靠單一的基準和原則，當我們遭遇到沒經驗過
的事情或是遇到無法預測的議題時，就會應對不了。如果現在

我們工作的目的是「成長」，就應該將決策的焦點放在成長上面；如果目的是「成果」，就必須做出能達成目標的決策。最好能試著練習看看以「目的」為中心的溝通方式，而不是以「方法」為中心。不過最重要的還是「承認每個人的想法和觀點都不同，並且尊重與自己不同的意見」。

面對辛苦的同事時

這件事發生在我接受 MBTI 專業教育訓練的時候，我和一群為了成為認證講師而長期學習 MBTI 的預備專家們聚在一起學習，曾經拿「青春期女兒如果懷孕了該怎麼辦？」作為討論的議題。當時思考型和情感型的人各自聚成一團討論共同方案，並分享自己的看法。

情感型的專家先出來發表，那時他開頭就說：「我一想到如果我的孩子真的發生這樣的事情，就覺得眼前一片茫然。」接著才說情感型的人應該會優先採取兩種行動，「抱著孩子哭」或是「對孩子訴說自己的失望，生氣地打孩子」，然後等自己的情緒平靜下來後，應該會「去瞭解孩子究竟發生了什麼事情」，並且藉由對話尋找能協助孩子的方法。

那麼思考型的人會如何應對這樣的狀況呢？思考型的人一開始內部討論時，就問：「現在我們該討論對吧？誰要先說？」如此先決定討論的順序。然後在發表的時候，是這樣說

的：「我們會先和孩子對話來瞭解狀況。先問孩子對象是誰，確認對方是否知道現在的狀況，還有他們兩個是什麼時候認識的，然後再詢問目前的狀況還有誰知道（補充說明：應對方案會根據知情人不同而改變，所以才這麼問）等，掌握狀況之後再詢問孩子的意見，看她想怎麼做。」

然而，當我們將這個題目往下延伸，如果將思考型和情感型父母的反應告訴青春期孩子，孩子可能會產生什麼樣的情緒時，我聽到了讓人有些驚訝的事情。

情感型青少年面對思考型父母的行為時，可能會說：「你們愛我嗎？你們根本不關心我現在有多辛苦，怎麼可以這樣對我？」而思考型青少年面對情感型父母的行為時，可能會吐露不滿：「你們愛我嗎？現在狀況這麼嚴重，你們都不關心我發生了什麼事，應該要怎麼解決嗎？爸爸媽媽，你們怎麼只顧著發洩情緒？」就結論來看，當父母做出與自己的類型相反的行為時，孩子的第一反應都是「原來我對爸媽來說不重要」。

我們在職場上、在工作時、與某人相處時，不會只發生開心的事，經常會遇到很辛苦、煩躁且出乎預料的事。這種時候，思考型和情感型會做出不太一樣的反應。思考型會先掌握狀況：「發生什麼事了？」、「你做錯了！」、「不可以那樣做。」、「所以你打算怎麼做？」然後判斷並評估狀況，盡快解決問題。而情感型會先用「還好嗎？」、「都會變好

的。」、「你應該很難過吧！」、「怎麼辦？沒事嗎？」等同理他人的詞彙。然而，過一段時間後，思考型就會開始使用同理和理解他人的詞彙，而情感型會開始掌握狀況，談論該如何解決問題，只是他們可能不會在第一時間做這件事。

因此，我想提議的就是「先對思考型的人使用思考型的詞彙；先對情感型的人使用情感型的詞彙」。雖然這也不是正確答案，但我想這麼做應該更有可能將互相理解和尊重的心意傳達出去。

當主管是思考型／情感型

思考型的主管在做決策的過程中，喜歡將問題和決策方式與組員分享。實際上，在參加完 MBTI 工作坊之後，一名思考型主管改變了他做決策的方式，他會在決策之前，先花時間與組員溝通，說明該專案或工作推動之前的決策基準──「這次的專案目標是『提升顧客滿意度』，所以我們預計會以『如何解決顧客的不便以及達成顧客的期望』的角度來評估。」然後中間在討論或者開會時，也養成了習慣，會事先說明自己的行為模式：「我可能會問很多問題，但絕對不是因為你們做錯了，在審問你們。我想的是，如果想做出更好的決策，就必須通盤瞭解狀況，所以我發問是出於好奇。希望大家不要誤會。」這個習慣能夠直接發揮自己的長處，同時又能大幅消除

組員對自己的誤會。

情感型主管在做決策的過程中，經常會有一些即興或是不太明確的標準。其實在組員的印象中，情感型主管往往是好主管，因為他們會經常給予肯定和稱讚，而且很能理解組員的困難，也很會照顧組員，所以組員們往往對情感型的主管讚不絕口。然而，有一個例子是，一名情感型主管接受領導能力的考核之後，大受打擊而跑來找我，因為組員給予他的回饋如下：

- 「為了自我的成長，請多多批評指教。」
- 「希望主管能明確指責行動有違小組目標的組員，主管越是忍耐，我們工作起來就越辛苦。」
- 「解決問題和與其他部門協作的時候，希望主管能明確指示組員該做什麼、該解決什麼問題。比起相信我們，直接交給我們去做，主管也同時跟進，追蹤目前執行的進度，確認問題有沒有正在解決會比較好。」
- 「在執行力和解決問題的能力上有待加強。」
- 「感覺主管一個人攬下太多壓力了。請主管多想想怎麼將壓力釋放出來。」

情感型主管收到這些回饋後，陷入了苦惱：「我不適合當主管嗎？」後來他接受我的指導後，開始分析自己的長處和弱點，重新定義適合自己的領導方式：「我擅長打造一個能讓組員主動參與且開心工作的環境。相反的，我需要稍微再補強的

部分是，做錯的部分還是要明確指出來，而且要找出方案跟組員一起溝通。」

　　為了解決問題而找出原因，並且給予支持的思考型主管，以及在支持與鼓勵的過程中，一起解決問題的情感型主管，這兩者並沒有哪比較好，也沒有最完美的主管類型。沒有一百分的主管，也沒有能拿到滿分的組員。我們之所以努力透過MBTI來理解自己和同事，其中一個原因就是為了理解「我並不完美」。比起成為完美的人、做好每件事情的人，要不要試著成為能滿足組員當下需求的主管呢？另外，假如遇到與自己的特質不合的主管時，要不要先試著找出適合的相處之道？

思考型（T）主管

優勢

1.傾向以組織的目的和目標為優先。
2.重視定下的基準和原則。
3.習慣將對話的焦點放解決問題上，認為以解決問題為核心的決策更好。
4.喜歡花時間在事情和組織上，也比較欣賞這樣做的成員。
5.喜歡連結因果關係，為了確認因果經常提出問題。

弱勢

1.有過度埋首於工作的傾向。
2.面對人和狀況時看起來沒有彈性，讓人覺得很冷漠。
3.認為達成目標是最重要的，因此面對成果有時會有壓力。
4.比起同理同事的困難，看起來更擅長批評和判斷，所以有時會讓人覺得很冷酷。
5.容易被人誤會想主導決策的方向，組員的意見也比較難反映出來。

情感型（F）主管

優勢

1. 做出決策後會思考該決策會對成員造成什麼影響。
2. 能自然地給予稱讚、表達感謝、跟人道歉，喜歡建立有深度的信賴關係。
3. 關心每個成員的長處和差異。
4. 認為「協力、合作、溝通、協調、體諒、同理」在組織文化中很重要。
5. 關心成員個人的幸福、成長和成功。

弱勢

1. 主觀的判斷基準會反映在決策上，讓人很難預測之後做決策的基準。
2. 很難指出他人為了成長應該改善的部分，也很難給予容易造成不適的回饋。
3. 比起團隊的目的和目標，更專注於個人的狀況和需求。
4. 比起解決問題，更傾向將焦點放在關係上，有時會導致實際存在的問題被擠到優先處理順位之外。
5. 太過寬容而做不出明確的評價。

思考型和情感型共事的方法

#思考型 T　#情感型 F

　　如果站在工作和人際關係的交岔路口，你會做出什麼樣的決定？重視工作的思考型會將焦點放在「解決問題」上，所以如果有同事遇到問題，那他們對話的主要內容就會是：「發生了什麼問題？」、「問題背後的原因是什麼？」、「有什麼方法能解決那個問題？」、「A 和 B 哪個方案比較好？」

　　相反的，比較關心人際的情感型會將焦點放在「關係與影響」上，所以他們偏好思考：「他／她發生了什麼事情？」、「他／她的感覺如何？情緒如何？」、「該怎麼做才能幫到他／她？」、「A 和 B 哪一個方法對他／她比較有幫助？」以下我們就來討論看看，看重「對錯」的思考型和在意「喜惡」的情感型，應該怎麼對待彼此比較好。

與情感型相處的職場指南

> 情感型覺得對話時在情緒上付出努力的人，相處起來比較舒服。

思考型的人看見情緒型同事辛苦的模樣時，最先會問的問題是：「你發生什麼事了？怎麼了嗎？」再來可能會說：「沒關係，大家都會經歷這樣的事。需要我幫忙嗎？我可以幫你解決什麼事情？」然而，這種表達給情感型的第一印象是什麼？「我現在很辛苦，你沒看見嗎？」這麼想的同時還會覺得：「原來你根本不重視我啊！」

我建議最好先對情感型的人使用情感型的詞彙。你一開始或許可以跟辛苦的同事說：「你很累吧！狀況這麼困難，你辛苦了。身體有不舒服嗎？要顧好身體喔。如果需要幫助，隨時跟我說。」當情感型的情緒不同於以往的時候，不論他是開心、難過還是辛苦，只要有稍微傾向某一邊，就更要努力照顧他的情緒，也不要吝惜給予認定和稱讚。

> 情感型認為在建立工作關係的同時，建立人際關係也是很重要的。

與情感型的人溝通時，他們認為在進行業務溝通之前，重要的是必須先建立緊密的關係，這個意思不是非得要「混熟」。因為在本人沒有公開的狀況下，詢問他人的私生活或是插手干涉都是不對的，這已經逐漸成為職場生活的準則了。

建立關係的意思，是指增加更多「喝咖啡聊天、吃飯、對話」等可以將工作做得更好的非工作時的溝通。雖然聊天的內容會根據個人的偏好而有所不同，但首先要聊一些工作上彼此需要瞭解的內容，像是過去經歷、經驗、技術和工具的使用方法等。除此之外，最好還能分享自己什麼時候會產生動力，而哪些言語和行動會對彼此造成傷害或是搞砸心情。

因為情感型並不認為只要把事情做好、努力工作，就是好員工、好公司。他們相信彼此如果建立緊密而有意義的關係，就能打造出更好的職場。

我有一個 ESFJ 的同事非常喜歡人，經常花時間跟人相處，甚至到了跟全公司都一對一吃過飯、喝過咖啡的程度，在他周遭聚集的人們有情感型的，也有思考型的，所以我當時覺得能擄獲人心的最強武器，就在情感型身上。

對情感型的人來說，對話並不單純是獲取資訊的手段，還是能夠表達關心，分享彼此的想法，讓對方明白他很重要的一種方法。

試著先跟他們打招呼、表達關心，詢問他們喜歡並關心的事情來引導對話看看吧！這麼做之後再跟他們談工作上的事情，工作就會處理得更順利。如果關係已經疏遠了，先努力恢復關係是很重要的。

偶爾會有些組長擔心，跟主管談論私人的話題對組員會有負擔，所以聊天時總是只談工作上的事情。然而，認為所有MZ 世代（指在 1981 至 2010 年之間出生的人們）都忌諱談論私人話題，其實是一種誤會。有些 MZ 世代甚至表示：「組長都不花時間和我交流，讓我覺得自己不怎麼重要。」他們想得到主管的關心，希望能經常與主管喝咖啡聊天、一起吃飯。另外，在我認識的許多前同事或朋友中，會先提出吃飯邀約或是約聚餐的人，有很多都是情感型的。

與思考型相處的職場指南

> 思考型的人很想知道客觀的決策根據是什麼。

與思考型溝通時，必須努力表現出冷靜客觀的模樣。因為

情感型的情緒表現越多，思考型就越難獲取能客觀判斷的根據，這會讓他們感到慌張。所以思考型才喜歡問問題，「追根究底」是思考型的人在工作時經常會聽到的評語。因為思考型偏好的行為就是根據基準和原則做決策。如果有 A 和 B 兩個選項，他們就會快速分析用 A 來達成目標的優缺點，以及用 B 來達成目標的優缺點，比較之後做出結論。不過根據如果不夠明確，他們就會因為沒辦法判斷而一直問問題，因此，最好能事先瞭解思考型喜歡的對話模式，也就是「SBI 溝通術」。

- Situation：「發生了什麼狀況？」，他們希望能以實際發生的內容為基礎來瞭解事實。
- Behavior：「採取了什麼行動？」（是否有計畫行動？），他們想知道多元的方案。
- Impact：「造成了什麼影響？」（是否有預測到？），他們想瞭解多元方案帶來的正負面影響。

> **不要懷疑思考型的誠實。**

　　假如思考型的人事職員負責面試，卻遇到自己的朋友或是家人前來面試，他們會怎麼做？沒什麼好說的。他們大多會採取跟其他面試者一視同仁的標準來評分（說不定還會用更嚴格的標準來評分），而且他們會誠實地說出結果：「○○先生／

小姐，你不符合我們公司的標準，所以被淘汰了。」

另外，在考試的時候，如果朋友要求他們分享答案卷，他們很可能會表明：「給別人看考試答案是不對的行為。」然後堅決不給任何人看他們的答案。給予回饋的時候呢？比起對方的情緒，他們更重視是否明確傳達了這次考核的結果、應該改善的行為以及明確的工作方式。就算對方聽了有些不開心，他們還是覺得「根據基準和原則行動」更重要。

情感型跟思考型對話時，最好事先表明自己的情緒也是一項重要事實，就跟他們的思考以及實際的狀況一樣重要。當然，思考型的人並不是沒有情緒的。雖然他們也會感到抱歉、心懷感謝，但是比起那些，他們認為「誠實地說出來」更重要，所以言行才會比較冷酷。

情感型如果不得不和思考型的人進行不舒服的對話，請別被他們的誠實嚇到。比起情緒化的反應，或是揣測言語背後的意圖，直接「照字面意思」聽進去是比較好的。這時要瞭解的就是「他們現在的言行是基於何種目的？」，也就是說，需要先問問思考型的基準和原則，藉此掌握他們的行為。

職場上的
判斷型和感知型

#判斷型 J　#感知型 P

在職場上，判斷型和感知型在工作時的表現最為不同。這導致他們很難互相理解，但如果能理解彼此，他們就能保留不同的特質，各自在工作中發揮自己的長處。

首先，判斷型很重視「計畫」和「掌控」這兩個關鍵字。如果有了一個目標，他們馬上就會開始計畫──「我們要達成什麼目標？」、「如何達成那個目標？」、「誰要推動工作？」而且很喜歡按照計畫行事。他們按照計畫執行的特質，在這裡以「掌控」來指稱。有趣的是，EJ 型的人不僅是自己的工作，連其他同事的工作計畫他們都會出意見，並且積極地出手干涉；相反的，IJ 型的人會以自己的工作為中心來思考。

那麼感知型會有什麼不同的行為表現？感知型很重視「自主」和「變化」。感知型喜歡的詞彙是「靈活性、自主性、開放性」等，這也會展現在他們工作的時候。「比起結果更重視過程」、「與之前不同的方法」等描述也常常會出現在感知型的身上。

計畫和執行的方式不同

判斷型在執行業務之前會花費很多力氣在擬定計畫上。在擬定計畫的過程中，他們會運用一切自己已知的內容，並且跟外部人士見面或是進一步學習，藉此來完成計畫的擬定。這導致他們花了很多時間在擬定計畫，而且有時看起來還有點複雜。不過，計畫擬定之後只要去執行就好，因此優點是做起來的速度很快，而且計畫很具體，所以在遵守約定時間和產出結果上不會有什麼困難。

感知型比起擬定計畫，更偏好將焦點放在執行上面，他們傾向抱著「邊做邊想，應該會有更好的點子」的想法，先擬定一個只有大綱的計畫，然後就立刻開始執行。不過，比起距離截止日期還有一段時間的工作，哪怕是要熬夜加班，感知型更喜歡處理眼前馬上就得完成的緊急事務，例如要開始寫報告的時候，就會開始打掃房間，盡可能拖到最後一刻——極端的說，即使前一天沒寫幾個字，他們卻依然能在隔天交出報告。

感知型之所以會這樣推遲工作，其中一個理由是投入程度的差異。即使是同一件事，如果平常做時他們專注力是十分，那麼快截止時，他們的專注力至少能大幅提升三到五倍以上。平常要花十個小時做的工作，在前一天做時，只要花三到四個小時就能做完，所以他們在讀書和工作的時候，經常壓底線。

這兩種類型還有另一項差異。判斷型很重視流程，也就是照著程序走。假如工作時有制式的 SOP，那麼是否遵守該 SOP，就會成為他們判斷工作是否有確實完成的基準。因為不論結果再怎麼好，如果沒有遵守 SOP，工作的過程就無法得到尊重。然而，感知型認為，見機行事比遵守 SOP 還要好。如果有比較好的方法，他們就會使用那個方法。這種差異在職場上也經常展現出來，因此最好能考慮每個類型的差異，再來擬定工作方式的規則。

針對「改變」的看法不同

若說擬定具體的計畫是判斷型的長處，那麼沒辦法及時快速應變，就是他們的弱點。他們投資了太多時間在擬定計畫上，所以一旦情況有所改變，就意味著他們必須修改整個計畫。小則從修改報告書開始，大至修正目前正在推動的專案目標及策略，全部都包含在改變的範圍內。除此之外，他們對於自己工作的場所、工作的方式、擔任的職務及公司等所發生的改變，也都可能感到不適。

比較偏好判斷型行為的人，不僅是在工作上，就連在日常生活中也會擬定計畫，並且按照計畫行動，甚至是下班後的行程、週末的行程等，他們也都想擬定計畫來掌控時間。假如家人突然提出了自己計畫之外的新行程，他們就會很有壓力。

感知型有積極應對變化的傾向。「這個資料好像要修改耶？」、「這次專案的目標要不要稍微更動一下？」面對這樣的要求，他們會用比判斷型更正向的態度來接受。因為對感知型來說，改變是「讓事情變得更好」，是「可以嘗試體驗新事物」的過程。

產生動力的來源不同

判斷型和感知型的動力來源跟工作的方式息息相關。判斷型在目標設定明確、在過程中看見計畫有明顯進展，產出也有提升、在評價的基準相當明確等的時候，有更投入在工作中的傾向。

與此不同的是，感知型是在感受到個人自主權、在截止日期將近的狀況下工作、在工作過程中感受到自己有所成長等的時候，會更投入其中。

有人可能會說：「在感受到自主權和目標設定具體的時候，應該所有人都有工作的動力吧？」當然，這的確也是所有人都具備的特質，但是在 MBTI 中討論的是「稍微更……」的傾向。舉例來說，如果比較「目標很具體卻沒有自主權」的情況，以及「有自主權但沒有明確目標」的情況，就能更清楚分辨出判斷型和感知型的差異。

設想與能帶來動力的狀況相反的情景時，就能明白他們什麼時候會感受到壓力。會讓判斷型有壓力的狀況發生在目標設定不夠具體、沒辦法確實按照計畫推動工作、已完成許多進度或是工作時間沒剩多少卻突然遇到意料之外的修改、無法遵守時間等的時候。相反的，會讓感知型比平常承受更多壓力的狀況發生在沒有餘裕、不重視過程只重視結果、必須反覆去做同樣事情、得按照制定好的規矩去做，規則卻很複雜，以及狀況沒有彈性等的時候。

當主管是判斷型／感知型

判斷型主管最重視的事情之一就是「有沒有辦法預測」。執行一項目標時，「是否有具體的目標？」、「有明確的截止日期嗎？」、「要由誰去做？」當這些基準很明確的時候，判斷型主管才能安心地推動工作。在過程中，他們偏好設定不同階段來達成目標，而為了達到每個階段的成果，又會具體擬定執行計畫（to do list），然後一個接著一個完成。

因此判斷型在什麼時候會有壓力？他們壓力最大的時候就是「無法預測的時候」，所以當事先計畫好的工作遇到要修改的狀況時，突然被指派新的目標時，工作還沒有結束卻要推進到下一個階段時，他們都會承受壓力。

感知型的主管和判斷型不一樣，面對無法預測的狀況時，

他們不會有壓力，反而是在失去自主權和自由的時候；在感受不到變化，只能按照舊的方式工作的時候，會覺得很鬱悶，想工作的動力也會降低。有時想即興地工作，有時想用一些沒有做過的方式挑戰，這些都是感知型主管的特質。

判斷型（J）主管

優勢

1. 設定明確的目標、規劃好時間後就會投入工作。
2. 習慣按既定流程處理工作，所以偏好擬定階段目標和規則。
3. 希望能制定並遵循具體的工作方法、負責人、時程等內容，並且重視結果。
4. 在沒有餘裕的狀態下或是遇到預料之外的修改及變化時，就會產生壓力，會有敏感的反應。
5. 只要修改一個計畫，就會重新檢視其他所有的工作計畫並進行修改。

弱勢

1. 總是想要掌控，做起事來讓人覺得沒有彈性且太過緊繃。
2. 比較重視結果，所以容易讓人覺得忽略了過程中的成長。
3. 推動工作時，會讓人覺得無意義的會議和討論時間過多。
4. 感覺沒有彈性，遇到變化和修改事項時，看起來又壓力過大，讓人覺得很難溝通。
5. 花太多時間在計畫上，反而拖延到執行的時間。

感知型（P）主管

優勢

1.靈活且即興，偏好沒有計畫好的狀況及方法。
2.工作時喜歡有自主權、能夠主導，比起結果更重視過程。
3.喜歡根據需求去適應每個當下、尋找新事物、回應變化。
4.隨時都保留了更動和修改的空間，而且很享受改變的時候。
5.喜歡在最後一刻投入工作來收尾。

弱勢

1.工作時看起來太沒有計畫、太過隨興。
2.不遵守時間，一起工作時其他人總是提心吊膽的。
3.根據狀況提出與他人不同的見解和意見，讓人摸不著頭緒。
4.改變太過頻繁，讓人做得很辛苦。
5.太重視過程，以至於成果不好時，經常無法給予明確回饋。

判斷型和感知型共事的方法

#判斷型 J　#感知型 P

　　判斷型和感知型在推動工作和日常生活的時候，都有很大的差異。我在舉辦 MBTI 工作坊時，經常會問一個問題：「旅行前你是怎麼準備的？」從這個問題的回答可以看見判斷型和感知型之間巨大的差異，這裡的前提是「喜歡旅行」。因為不喜歡旅行的人，不會花費太多力氣擬定旅行計畫，這跟所屬的類型無關。

　　喜歡旅行的判斷型在旅行日程決定以後，就會開始擬定計畫。最重要的是機票和住宿，除此之外還有觀光景點、購物景點、拍照景點、美食等，全都會密密麻麻地排在行程表上。出發時間和抵達時間是最基本的，其他像是交通方式、移動時間、大眾運輸時刻表等各式各樣的資訊，他們也會事先打聽好，甚至還會將停留的時間一併考慮進去，最後製成 Excel 表格。所以對判斷型來說，愉快的旅行就是「完美規劃的時候」。

　　喜歡旅行的感知型只會確定出發和抵達時間，訂好住宿，

然後選兩到三個在當地一定要去的行程。有時候，他們甚至連這些行程都沒有事先預約。有些感知型還表示，他們不曉得會在當地體驗到什麼，所以沒有訂回程的機票。如果比想像中更好玩，就會在當地稍微多停留一些時間。對感知型來說，所謂的計畫就是擬定最簡單的行程，而且對他們來說，連最簡單的行程都有可能更動。感知型覺得最幸福的旅行就是「擁有新的體驗」。

那麼如果判斷型和感知型一起去旅行，會發生什麼事？我們經常會看到判斷型和感知型為了堅持己見而起爭執，因為判斷型擬定具體計畫後，希望照著時間表一一消化緊湊的行程，而感知型則想要更從容自在地感受大自然、新的環境以及人群。以我自己為例，身為判斷型的我也經常和感知型的妻子一起去旅行。每次去旅行時，我都會因為出發前一週還沒有定好具體的計畫，而且得經常修改行程而感到壓力很大。除此之外，出發之後，我們比起按照計畫行動，更多是隨著心情調整行程，這也讓我倍感壓力。

不過，現在我們有一套能協調彼此的方法。首先，由喜歡旅行的感知型妻子先定下幾個一定要去的地方，然後由喜歡擬定計畫的判斷型女兒用 Excel 表格和 PPT 製作旅行行程表，並在事前一起討論。行程表印出來後，身為判斷型的我會控制好時間來消化上面列出的的行程。不過，關於行程可能會更動這一點我們已經達成了協議，如果要改變行程，我就會詢問大

家：「現在如果不出發，就必須取消 A 和 B 行程，這樣沒關係嗎？」之後才修改行程表。判斷型必須先認知到行程可能會更動，而感知型必須瞭解為了事先預約好的某些行程，可能得放棄一點隨心所欲。

與感知型相處的職場指南

和感知型共事時，做好可能會有變化的準備。

　　感知型在工作的時候也很重視自由和彈性。然而，如果要做的事情非常明確且具體，會發生什麼狀況？感知型會變得很難將他們在工作中發現的各式各樣構想反映出來，這時感知型就會開始覺得有壓力，因為對感知型來說，沒有什麼比重複做同樣的事情還難受的了。因此，判斷型和感知型一起工作時，必須給予他們可以調整的自主權。例如：「週一三點之前必須完成報告，不過 A 部分可以根據我的提案去做，也可以加入你自己的想法。」如果主管是感知型的人，在提案的時候除了原本的方法，再多提一到兩種新的方法，也會是很好的溝通方式。判斷型和感知型共事時，要事先預想在最後的瞬間也會有變更的可能，並且將更動也包含到自己的企劃案中。然後在接受變化的前提下，努力去和對方溝通。另外，跟感知型擬定行程的時候，必須給他們更充裕的時間，要比判斷型的時間表還

寬鬆一些。

工作時經常遇到的最大改變就是「修改項目」或是「日程變更」。雖然這些對感知型來說不是什麼大的變數，但對判斷型來說卻是龐大的壓力來源。

假如主管是感知型的人，他可能會對判斷型組員提出「今晚之前這部分要改好」、「本來說下週末之前要準備好的東西，要提早到這週末完成」等，給予更動工作方式或截止時間的指示。每次遇到這種狀況，判斷型就會很有壓力。因為不只是自己安排好的工作行程要改，連合作部門也受到影響。

對感知型來說，變化是重要的動力來源之一。因為發生變化意味著找到「更好的方法」。然而，在工作的時候我們擁有的資源是有限的。人、金錢、時間、系統等都有所限制。因此，必須衡量變化的幅度和資源的多寡，做出一個更好的決策才行。

所以我建議判斷型在需要變化和修改的時候，可以與感知型協調，看是要增加因為變化所需的資源，還是要按照現有的資源來調整變化的幅度。也就是說，說明自己變化和修改時所需的時間、金錢和人力等資源，然後和感知型協調出在有限的時間內能做到的最佳變化和修正，例如，「如果要將你現在說的內容做出來，至少要花一週的時間。假如兩天內就要修改完，A 也一起來幫忙會比較好，有辦法嗎？如果是我自己一個

人修改，就算加班兩天，頂多也只能完成百分之五十，會來不及。」

> **理解感知型使用時間的方法截然不同。**

感知型有一項名為「壓力催動」的特質，意思是他們在考試、寫報告書、執行某項工作時，都會在截止日期臨近時，一口氣做完累積的事情。「明天早上十點繳交報告書。」收到這樣的指示後，他們經常會在前一天晚上熬夜完成工作。理由很簡單，他們在截止時間前的效率會比平常高上許多倍。因為經驗告訴他們，平常要花十小時做的工作，如果在臨近截止日的時候做，只要花兩到三個小時或是四到五個小時，就能做完平常的工作量。「能拖多晚，就拖多晚」這話指的不是感知型討厭工作，而是他們會一直等待自己最能夠投入的時機點。

然而，這時候判斷型如果說：「你還沒開始做嗎？你什麼時候才要做？跟我一起做吧！」會怎麼樣？感知型的人會覺得自己的計畫被打亂，而且不被信賴。所以跟感知型一起工作的時候，在等待結果的同時詢問他們開始動作的時間點，會是一個不錯的方法，像是：「你預計什麼時候開始做？」

感知型學生在準備考試時有一句口頭禪，那就是：「如果能再多給我一天……。」不過有趣的是，如果再給他們一天，

就會看到他們又多等一天才開始準備考試。他們工作時也有類似的傾向——「再多給我一天，我就能做出更好的成果。」

與他人一起共事時，我想提醒感知型的事情只有一個，那就是「與人協作時請遵守時間」。無論是開始與結束的時間、會議及討論的時間、繳交報告書或報告進度的時間等等，如果不遵守時間，就會影響到其他人和下一個階段工作的進行。

因此，如果想提升工作的品質，可以試著把截止日往前移。舉例來說，撰寫報告書的時候，可以把原定的截止日期往前挪個一、兩天。如果只是自己在腦中想著要提前一兩天做完，沒辦法提高投入的程度，所以可以試著跟組長和同事約好，自己會提早一到兩天繳交。這麼一來，自己的投入程度就能比平常稍微再高一點。而且這麼做的好處是，先繳交可以先得到組長或是同事簡單的回饋，還可以在剩餘的時間內從容地修改或是更新資料內容。這份從容能提升感知型工作的品質。

與判斷型相處的職場指南

> 在與判斷型對話之前，先做好按照決策去執行的準備。

判斷型最重視的部分之一就是「詳細的計畫」以及「按照計畫執行」。因此，感知型必須知道自己工作的具體內容和時

程可能都是固定不動的，而這就是能更好的與判斷型一起完成工作的方法。

判斷型在開始做某件事情之前，偏好先擬定計畫。他們會先定下期望目標，然後再定下兩到三個可以達成該目標的階段性小目標，最後再定下能達成第一階段小目標的詳細計畫。所以遇到要修改計畫的狀況時，他們勢必會有壓力。因為他們已經花費許多時間和努力擬定了計畫，現在卻又要重新來過。

因此，感知型和判斷型共事的時候，最需要注意的就是「遵守時間」。不過，嚴格遵守時間對感知型來說真的非常困難，所以必須先跟他們確認在整體計畫中，務必遵守的優先順位是什麼。

假如感知型對遵守時間真的有困難，那麼將掌管自己工作進度的控制權交給判斷型來做，也是一種方法。以前我遇過一個人數剛好超過十個人的組織，裡面的成員大部分都是感知型的，因此那個團隊的長處是工作速度和應變能力，但他們的弱點是經常無法配合與其他部門合作的時間。當時，團隊內有一名判斷型組員，雖然他的資歷尚淺，但組長讓他負責管理團隊與外部小組合作的時程。而判斷型組員除了自己的工作之外，也願意接下負責管理時程的新工作，因為他認為那是「他能做好的事情」，而且管理同事各式各樣的進度時，也有助於他執行自己的工作。最後，判斷型組員按照計畫執行工作的方式，

帶給小組其他同事許多幫助，他的長處也讓自己成為團隊中不可取代的成員。

對判斷型來說，「不可預測」真的是很有壓力的詞彙。在工作時尤其如此。判斷型主管自己苦惱一番後擬定好的計畫，因為自己以外的其他因素，為了合作部門或是組員而必須修改時，他們真的會承受很大的壓力。因此，跟判斷型一起計畫好的事情如果需要更動，務必事先告知他們更動的日程，並且給予足夠的作業時間。只要事先告知判斷型即將面臨的狀況，他們就會主動修改計畫。例如，「今天如果沒收到追加的意見，明天就沒辦法完成，可能要再延長一天。目前還不知道狀況是怎麼樣，在這裡先通知大家一聲。」這類的提醒對判斷型來說，就等於是給了他們可以修改計畫的時間。

做 MBTI 測驗時的注意事項

　　我認為在正式進行 MBTI 測驗之前，務必要先花時間好好說明，這非常重要。目的是為了做出更精準的測驗結果。這種時候，我通常會提到五個重點。

　　第一、MBTI 測驗是幫助你尋找自己天生特質的工具。它要找的不是「優秀的人、很會工作的人、聰明的人和不聰明的人」，它要找的是你覺得特別舒服的行為和你覺得特別不舒服的行為，以及你比他人能更輕易做到的事、你比他人更難去做到的事。

　　第二、MBTI 測驗中沒有好與壞的區分。十六種人格類型各自都有優缺點，沒辦法分出優劣，說哪一個比較好、哪一個比較不好。找到在工作和日常中，發揮自己擅長能力的方法，才是關鍵。

　　第三、找出你覺得舒服且經常做的行為。每個人都同時具備 E／I、S／N、T／F、J／P 的特質。MBTI 測驗的過程是在幫忙你在這些向度中，尋找你覺得比較

舒服的想法和行為。因此，在測驗時很重要的是，必須選擇「你在舒服的環境中經常做的行為、你覺得舒服的行為跟你做起來覺得容易的行為」。

第四、要剔除會對你造成影響的環境。要放下你在公司的職責、你工作的方式、身為父母的義務、身為兒女的本分、亞洲／歐美或是北部／南部等地區文化特色對你的要求，這些全部都要放下，單單選擇你覺得舒服和偏好的內容。

第五、理想的自己也是適應環境的自己。MBTI 測驗要找的不是理想中的自己。理想中的模樣只是你想成為的模樣，但並不是你出生時就具備的特質。

舉例來說，在「總是想遵守時間」和「有些時候不太遵守時間」這兩個選項中，「你覺得哪一個是比較舒服的行為？」面對這個問題時，很多人會選擇遵守時間。因為我們在學校或是在職場上，總是被要求要遵守時間。然而，如果問你：「跟朋友在一起時會怎麼行動？週末待在家裡時會怎麼行動？」答案會有所改變嗎？比起學校或職場，在家裡或週末是你稍微可以比較輕鬆行動的時間。所以這種時候，可以假設自己是和家人或朋友待在一起，又或是正在過週末，如此情境下呈現出來的行為，才會更接近真實的你。

在做 MBTI 測驗的時候，最重要的不是你是哪一種類型。之所以要做測驗，是為了瞭解你具備哪些和他人不同的特質，並且妥善運用那些特質。同時也是為了瞭解與你相處的人具備什麼樣的特質，找出你與他人順利一起工作的方法，並且實際付出行動。我認為如何在人生中過得幸福、愉快，並且獲得成功，也要從同樣的問題出發。

1. 我是誰？（我人生中覺得重要的價值觀是？）
2. 我擅長什麼？不擅長什麼？
3. 我該怎麼做？
4. 我喜歡什麼？討厭什麼？
5. 跟我一起生活的家人和同事是什麼樣的人？
6. 我該怎麼跟他們說話、怎麼行動？

我認為只要想著這六點並實際採取行動，我們的生活就能過得更像自己，並且幸福又愉快。要特別建議大家，遇到以下幾種專家或狀況時，不要進行 MBTI 之類的心理測驗或者人格測驗，或是就算做了測驗，也純粹當作娛樂就好。

1. 在沒有說明的狀況下，直接進行測驗的專家
2. 測驗後不進行詳細說明，只提供結果的專家

3. 沒有經過韓國 MBTI 研究所和 ASSESTA 機構的
   MBTI 專家認證的人
4. 非 ASSESTA 機構提供的私人 MBTI 測驗工具

　　這樣的人或是工具，並不能幫助你確實地瞭解自
己，請各位務必充分理解。

第三章

如何在組織中
使用 MBTI？

講人情的 F，照規定走的 T

MBTI
是讓人成長的工具

`#實感型 S` `#直覺型 N` `#判斷型 J` `#感知型 P`

　　我們先試著定義看看「成長」這個關鍵字吧！成長和學習有些不一樣。學習是吸收新的知識和經驗，成長指的是以吸收到的新知識和經驗為基礎，改變自己工作的方式，並且透過該變化帶來不同成果的時候。也就是說，我們可以透過新的知識和經驗為基礎來改變工作方式，並且藉由那個變化創造出更好的成果。

　　有一點是我必須要說在前面的，那就是工作中的成長和生活中的成長完全不同，生活中的成長可以根據自己定下的標準來判斷是否有所成長，但工作中的成長必須符合這個標準──「是否對我所屬的團隊、公司和客戶帶來更多的貢獻？」而且在職場上，成長的標準並非由自己來定，也不是由同事來定，而是在於「有沒有締造出新的價值」。

　　如果你以新的知識和經驗為基礎，推動了一項斥資十億元的新專案，結果該專案卻失敗了，那麼你等於是繳了十億元的學費，不能說自己在這過程中有所成長。我的意思是，就算你

活用新的技巧和技術，改變了工作方式，找到絕無僅有的獨特構想，最終如果沒能替所屬團隊和公司帶來任何貢獻，那就只是「自我實現」罷了，不能說是成長。

在商業領域中討論成長時，最重要的就是「有沒有替團隊、公司和客戶帶來新的價值？」而這點必須由你自己來證明，以下我們就在記住這個前提的情況下，更進一步檢視每個類型成長的方法。

實感型和直覺型成長的方法

實感型和直覺型的差異會對工作風格造成很大的影響。實感型的長處在於「做出成果」，直覺型的長處在於「用新方法來改變工作方式」。相反的，實感型覺得使用自己不瞭解的方法很困難；而直覺型覺得解決現實問題，並將該事件與成果串連在一起相當困難。將兩者結合起來看，就能找到各自獲得成長的方法。

給實感型的成長 Tips

1. 將時間投資在增加各種實際體驗上（身體力行／實踐）。
2. 參與能增加間接體驗的活動（讀書、加入社群、分享他人案例、拜訪新的地方等）。
3. 挑戰看看用自己沒試過的方式工作。

給直覺型的成長 Tips

1. 思考在日常生活中記錄下來的各種點子（洗澡時想到的點子、睡前的記錄等）。

2. 為了增加思考的廣度、提升洞察力，可參加各式各樣的活動（讀書會、藝術活動鑑賞及參與、觀看影片等）。

3. 就算是微小的構想，也試著實際在工作中運用看看，並針對結果給予回饋。

判斷型和感知型成長的方法

判斷型有一個特質是會針對「已經知道的事情和能做到的事情」擬定計畫。擬定計畫的意義在於按照計畫執行。自己不知道的事情是無法預測的，所以他們只會在已知的範圍內擬定計畫。因此，判斷型的計畫中往往不包含他們不知道的新知識、新經驗和新的工作方式。由於判斷型傾向在自己已知的範圍內擬定計畫，面對自己未知的領域，他們會向實力有目共睹、值得信賴的人諮詢意見，或是學習不瞭解之處後，才會將那些部分放到計畫中。這也表示他們會盡可能在計畫中放入自己可以掌控的變數。

然而，判斷型這種特質也導致一個弱點——「在自己不瞭解的領域，成長的速度可能會很慢。」所以最能幫助判斷型成

長的方法，就是「將判斷型不瞭解的部分設成目標」。

判斷型不瞭解的部分，可能是更進階的工作，也可能是全新的工作。為了好好擬定計畫，判斷型將會持續不斷地學習。這時的關鍵是「就算還沒準備好，也先去做」。

舉例來說，有一名判斷型，以前如果是在準備度達到 90 至 100% 的時候才開始執行，現在就要盡可能在計畫準備度 50 至 60%的時候馬上執行。為了推動初期進度，判斷型會投資更多時間去學習。由於還有剩餘 40 至 50% 的計畫需要擬定，所以在執行的過程中，會不斷追加從內部得到的回饋，以及從外部學習到的新知識和經驗。雖然在完成計畫之前很有壓力，但到了某種程度時，會發現跟之前的做法已經有很大的不同，並發現自己已經獲得「工作方式的改變與成長」了。也就是說，判斷型可以利用感知型偏好的方式工作，來獲得成長。

那麼感知型的人又要如何成長呢？感知型最大的弱點就是「信任」和「更新」。首先，信任這個弱點是由於感知型的長處，比起遵守時間，感知型更喜歡有彈性的感覺。而且比起提早計畫並執行，他們更擅長用壓底線獲得處理工作的高效率和專注度，所以經常會看見他們被時間追趕的樣子。感知型經常會說：「如果再多給我一個小時，如果再多給我一天，我就能做得更好。」如果反問他們：「再多給你一小時、多給你一天，你就會更早開始做嗎？」他們也會說：「並不會，感覺又

會更晚開始，最後的結果和現在沒有兩樣。」

有助於感知型成長的方法，就是去解決這樣的弱點。在職場上沒有人是獨自工作的，你的工作會交給下一個同事，而下一個同事的工作又會再交給另一個同事，或是重新回到自己的身上；就像這樣，大家的工作都是彼此連動的。然而，在合作的過程中如果有人沒能遵守進度，後面的計畫也跟著都被影響。如果下一個人也是感知型，或許不管怎麼樣都能交出最後的成果，但如果下一個人是判斷型，他擬定好的計畫該怎麼辦？

所以我想給感知型的人兩個建議，其一是「信任」——職場上與人合作時，務必遵守時間；其二是「更新」——把投入工作的時間提前，然後利用多出的時間更新內容。

前面談到職場上的成長時所提出的問題：「是否有對組織和顧客帶來貢獻？」也可以解釋成：「在達成團隊目標方面，我是否有帶來更大的貢獻？」外向型和內向型都是一樣，不能單單局限於自己偏好的方式，有時候必須學習並使用自己不偏好的方式。思考型和情感型亦是如此。雖然不能直接沿用實感型、直覺型、判斷型和感知型的模式，但就結論來說，關鍵在於不要忘記我們工作的理由是「替顧客創造更大的價值，為組織的目標帶來更大的貢獻」。

給判斷型的成長 Tips

1. 設定自己沒做過的更進階的目標或新的目標。

2. 向具備不同知識和經驗的人一起合作,將他們的計畫加入自己的計畫中。

3. 向不同於自己工作方式的人學習經驗和安排計畫。

給感知型的成長 Tips

1. 遵守工作上的時程和進度。

2. 將開始工作的時間往前拉,提前做完,然後再透過他人回饋來更新內容。

為什麼要在組織內
使用 MBTI？

我會盡可能推薦大家多多將 MBTI 運用於組織或是公司內，而不要只用在個人身上。MBTI 雖然是幫助人理解自己的工具，但它同時也能讓你藉由理解他人（同事），找到彼此可以更愉快且更出色地完成工作的方式。實際上，我從二〇〇七年開始就從三個不同觀點切入：一、主管的傾向對下屬行為的影響，二、下屬的傾向對主管的領導方式會帶來多樣的變化，三、團隊工作方式的變化等，將 MBTI 活用於人資工作中。

而且我到那時候才第一次知道，不管在哪個組織中，都會有人說：「我真的不知道為什麼會這樣。」有些下屬看見主管的行為時說：「真搞不懂組長為什麼會這樣？」而有些主管則會看著下屬說：「為什麼簡單的方法不用，偏偏要那樣工作呢？」我經常會看到主管和下屬像這樣互相無法理解。

那麼主管和下屬，哪一邊應該要先配合對方？我覺得比起順序，先試著從以下三個方面開始思考會比較好。

1. 試著理解自己的特質（我偏好的行為和不偏好的行為）。

2. 試著理解同事的特質（與我相似的部分和不同的部分）。

3. 為了達成目標試著創造出更好的工作方式（互相協調後取得共識的流程）。

所以我會在本章中介紹各種我在現場親自經歷過的案例。當然，這些案例只是一小部分，而且裡面包含了許多我自己的觀點，所以並不是唯一的正解。不過你參考之後，就可以找到改變的第一顆鈕扣──「原來我同事有這樣的特質啊！」、「我們小組如果要用更好的方式工作，可以做出哪些改變？」這在職場上的意義在於，這種體諒、關照的行為不僅可以促成團隊合作，在達成共同目標上也會起很大的作用。

MBTI 契合度的真相

MBTI 常常會被用來斷定某個人的行為和性格。舉例來說，MBTI 相關的議題中最熱門的就是「MBTI 契合度表」。下圖按照 MBTI 的類型，將契合程度的高低分成五個階段。

實際上我在企業內部舉辦工作坊的時候，常常有很多人拿著類似的圖表問我這是不是真的。每次我都會回答：「我很想去跟製作這個圖表的人見面，花個四天三夜教他真正的

MBTI。」

　在這個世界上，無法用 MBTI 來判斷誰跟自己契合，誰跟自己不契合。即使你認為「感覺可信度應該很高吧？」我只能回答：「不知道。」舉例來說，根據上述圖表，ISTJ 和 ENFP

MBTI 各類型的契合度

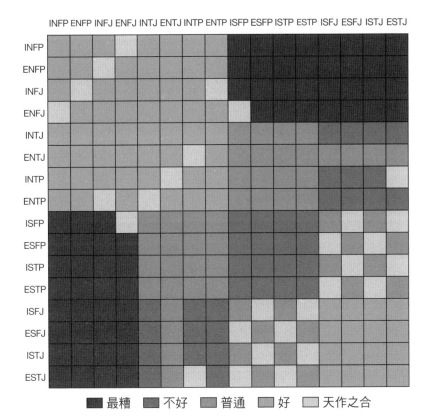

是契合度最糟的組合。然而，光是我身邊就有很多 ISTJ 覺得與自己最親近、相處起來最舒服的人是 ENFP。歸根結柢在於類型不是用來區分人與人之間的關係，**你如何對待對方，才是與對方建立何種關係的關鍵。**

再舉個例子，喜歡按計畫做事的 ISTJ 可能會覺得 ENFP 讓他們不太舒服，因為 ENFP 總是提出新的點子，總想替工作方式製造變化。不過，ISTJ 也可能因為 ENFP 身上有自己沒有的創意性，而喜歡與他們一起共事。這不是機率遊戲，而是取決於你用什麼觀點來看待對方與自己的不同。你可能以正向的態度來看待對方的行為，也可能以負向的態度看待。我認為重點不是知道跟你一起工作的同事是哪個類型，而是懂得分辨自己覺得舒服和不舒服的行為和工作方式，以及與你共事之人的行為和工作方式，明白雙方的差異之後並認真看待，是為了彼此互相體諒。

雖然已經提醒很多次，但我還是要再次強調，在 MBTI 中沒有正確答案。我舉的例子也是在各個功能類別中比較常見的行為，你也可能會覺得「我是外向型，但我不會那樣行動」。沒錯，並非所有外向型都喜歡說話、聊天，而就算是內向型，也不見得通通都認為和許多人待在一起很不舒服。說明功能和類型只是提供大家參考，希望大家思考時還是多多聚焦在自己的行為上。

知道主管的 MBTI，
就能預測他的行為嗎？

經常會有人問我：「能從 MBTI 中看出領導能力嗎？」對此我的回答是：「雖然有一定程度的關聯性，但是沒辦法完全準確地判斷。因為並不是每個人都完全按照自己的類型特質來思考。」

雖然我是 ISTJ 類型，但也不是完全都按照該類型的特質行動。我覺得跟人對話很舒服，關於計畫的部分，就算修改部分行程和內容，我也不會有太大的壓力，而且還常常聽到身邊的人說：「謝謝你同理我的感受。」但也不是說我的行為都不像 ISTJ。我依然偏好擬定計畫並按計劃行動，也覺得這樣比較舒服；比起同理他人的感受，我還是更偏好判斷和評價。只不過，現在的我對於相反特質的行為也變得相當熟悉，這是刻意訓練及認知非偏好領域所累積出來的成果。

即使如此，如果知道主管的 MBTI，還是有很高的機率可以預測主管的行為。因為你多少會知道他喜歡的溝通方式、做決策的喜好、要小心的地雷、工作時重視的關鍵字等。這麼一

來，我們也可以從不同的觀點切入，來跟主管對話並共事。

何謂領導能力？

要根據 MBTI 來判別優秀的領導能力時，最重要的是先瞭解在你的組織中，對領導者的角色和優秀的領導能力定義為何。要被視為是優秀的領導者，重點可能是「創造出成果」，也可能是「幫助組織成員成長」，亦或是「製造全世界最尖端的技術」、「打造良好的工作關係與文化」等，有各式各樣不同的功能。優秀的主管不會跟著 MBTI 改變，而且在這間公司內被認定的優秀主管，到了其他公司不見得能得到同樣的評價，因為「每個公司需要的領導者」都不相同。因此，我們首先必須瞭解的就是「公司所期待的主管角色和優秀領導能力的風格」。

再來必須瞭解的是：身為主管的我有什麼樣的特質？假如你是主管，MBTI 這個工具可以幫助你理解自己的特質；而如果你是下屬，MBTI 也能幫助你理解主管的特質。根據十六個不同的 MBTI 類型來認識不同的領導能力也是一種方法。以下以十六個類型中的 ISTJ 作為例子，來探討看看。

ISTJ 主管是責任感最強的主管之一，他們的作風是盡力去完成自己被賦予的角色工作，所以要讓 ISTJ 主管動起來的最佳方法，就是跟他們「約定」或是達成「具體的目標協

議」。不過 ISTJ 主管有一點必須特別留意，那就是最好丟棄「我已知的知識和經驗才是正確答案」的想法。ISTJ 最常說的幾句話是：「你做過嗎？」、「之前這樣做，不是失敗了嗎？」

ISTJ 主管能夠大幅成長的時候，就是就是挑戰自己沒做過的新目標或是更高目標的時候。雖然這個類型的人不太會改變自己過去做事的方式，但相反的，只要他們學會了新的方法，就會很快地將該方法運用在當下的工作上。因此，打造一個讓他們不得不學習新知識和新經驗的環境是很重要的。其中最好的方法就是給他們「更遠大的目標和新目標」，這樣 ISTJ 就會開始學習。

我想再多給 ISTJ 型的主管一個建議，那就是「最好多多給予認可和稱讚」。由於 ISTJ 是標準很高且責任感很強的類型，所以他們常常會覺得「做到這種程度不是理所當然的嗎？」因此，跟 ISTJ 一起共事的組員很難得到主管的認可和稱讚。認可和稱讚的標準不可以由 ISTJ 來制定，應該以組員作為標準，將焦點放在「他是否比之前更進步？成長更多？他付出了哪些努力？」如此一來，才能對組員的工作動力起到正向的影響。

● ISTJ 主管的特質

項目	優勢	自我成長的策略
重視的關鍵字	達成目標、遵守期限、責任、經驗	變化、挑戰、學習新事物、試著發問
設定目標	設定可能達成的目標	訓練自己設定之前沒嘗試過的高目標或是新目標
計畫	• 以過去的經驗、資料和案例為基礎來擬定具體的計畫 • 設定可以具體執行的程序和階段	發生計畫之外的變數時，不要獨自承受壓力，試著和同事一起思考對策
執行	配合期限準確執行交付給自己的工作	• 也去關心周遭同事的工作，確認是否有自己能幫上忙的部分並給予支持 • 不要獨自學習不瞭解的部分，而是適時詢問周遭擅長的人、做得很好的組員等
做決策的標準	是否符合標準和原則？	即使是沒做過的領域，透過委派和挑戰新工作做出決策
評價	是否達成了目標？	• 不僅是結果，也多關心過程中的變化，將成長的部分一起納入評價 • 積極認可並稱讚組員比之前進步的部分

用 MBTI 四分法
來分析領導能力

對專家來說，要如同上一篇介紹ISTJ的主管那樣，按照十六種類型分別定義主管特質，尋找那些特質發揮的作用，也是需要經過漫長對話與觀察才能做到的。用文字學習更是困難，而且也容易產生誤會，所以本書不會討論十六種類型的領導能力，而是會從「哪些功能有助於發展領導能力」的角度來討論。

在這種時候，「MBTI 四分法」是很有幫助的工具。MBTI 四分法是結合獲得能量來源的外向型（E）和內向型（I），以及獲取資訊方法的實感型（S）和直覺型（N）來劃分的四種類型。瞭解你屬於哪個類型，而你的主管又屬於哪一個類型後，你們就能更理解彼此一點。

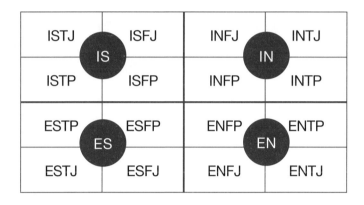

MBTI 四分法

ISTJ	ISFJ	INFJ	INTJ
ISTP	ISFP	INFP	INTP
ESTP	ESFP	ENFP	ENTP
ESTJ	ESFJ	ENFJ	ENTJ

IS 型：深思熟慮的現實主義者

根據韓國 ASSESTA 機構發行的《MBTI Form M 指南》提到的韓國標準化的樣本基準，IS（ISTJ、ISTP、ISFJ、ISFP）類型約占韓國人口的 34%。IS 主管的共同特質就是「管理仔細」、「偏好採用之前嘗試過的方式」。以下就實際透過 IS 主管的案例來看看他們展現出哪些特質，而又該怎麼補強他們的弱點。

❶ 獨自煩惱的 ISTP 主管

我曾經有機會和 ISTP 主管帶領的團隊一起舉辦 MBTI 工作坊，那時候 ISTP 主管正在組內推動擬定新目標和策略的工作。當時在工作坊中，組員們一邊描述自己觀察到的主管特

IS 型的特質

領導風格	需補強的弱點
1. 偏好有規則且具體的工作風格。 2. 很重視是否遵守基準、原則和程序。 3. 偏好使用已執行、驗證過的流程及方法來推動工作並解決問題。 4. 開始工作之前，傾向做好扎實的準備並且擬定縝密的計畫，喜歡用文字分享資訊。 5. 偏好挑戰現實可能達成的目標。	1. 做決策之前花的時間較久，尤其是針對新的目標或方法做決策時，容易一拖再拖，或是用「我不太清楚」的態度放棄決策權。 2. 太過具體地提供詳細做法，有時候會讓人覺得失去主導權。 3. 花太多時間擬定計畫，導致工作執行速度較慢。 4. 不太常表達自己的想法。 5. 常用文字溝通，導致溝通時間拉太長。

質，一邊給予回饋：「主管太常獨自煩惱了，如果能說出來，和大家一起煩惱比較好。」

ISTP 主管不想讓組員不舒服，也不想剝奪他們工作的時間，所以才選擇獨自煩惱，但組員反而希望能跟主管多多溝通。因此該小組達成了協議，決定規劃一個「分享構想和觀點的時間」──每週開會時抽出二十分鐘，主管或是組員如果有想和大家一起思考的主題，就可以在這段時間裡針對該主題發表意見。

❷ 重視自身經驗的 ISTJ 主管

有一位 ISTJ 的主管在 MBTI 工作坊中，得到以下好壞參

半的回饋：「給予組員具體的回饋、分享具體的案例等對工作很有幫助，我們也覺得很感謝，但是主管做決策時太以個人經驗為中心，所以沒辦法嘗試新的做法。」後來那名 ISTJ 主管努力不使用「我之前這樣做過……」之類的詞句，而且當組員想嘗試新的工作方式時，身為組長的 ISTJ 並不會親自參與，他會將該專案交由 ENTP 的小組長主導。

IN 型：深思熟慮的改革家

根據《MBTI Form M 指南》的韓國標準化樣本基準，IN（INTJ、INTP、INFJ、INFP）類型約占韓國人口的 20%。IN 主管的共同特質就是「策略性思考並計畫」、「偏好不受框架侷限的自由」。以下會分享兩個實際案例。

❶ 求知慾驚人的 INTJ 主管

有名 INTJ 主管很喜歡深度的學習，他認識了很多博士、教授或者各領域的頂尖高手，這是因為他很努力透過深度的討論和學術理論，來提升自身商業方面的水平。

然而，跟 INTJ 主管對話時，是一件有些吃力的事。因為主管每次提問時，內容都太過艱澀，參考資料很多是來自英語文件或是國外資料、研究論文。除此之外，INTJ 大多是某個領域的專家，有一定程度的實務經驗，所以在實務上的對話也會讓組員感到難以溝通。

IN 型的特質

領導風格	需補強的弱點
1. 喜歡發想並實驗新的點子。 2. 偏好時間和地點自由的工作方式。 3. 偏好邊思考邊閱讀資料來挖掘更深的想法。 4. 偏好忠於理論和概念的策略或是構想。 5. 會為了職務需要開發或使用有幫助的系統和工具。	1. 把簡單的事情弄得很複雜，拖延到做決策和執行的時間。 2. 想太多，獨自煩惱的時間太長，以致於在執行時出現差錯。 3. 想法很難預測，導致讓人花很多時間揣測背後的意圖。 4. 過度重視研究和理論性的概念。 5. 經常出現工作沒收尾的狀況。

舉辦工作坊時，INTJ 主管跟組員一起討論了 INTJ 的傾向和工作的方式後，改變了「學習的方法」。他們改用不同型態的工作模式——之前是由主管獨自跟專家見面，現在則是主管和組員一起跟專家們見面並學習，然後互相分享各自學習的內容以及資料，擴大想法的視野。讓改變成一種學習文化。

❷ 不太會扮黑臉的 INFP 主管

有一個大家公認的善良好主管是 INFP 類型，在工作成果上他也累積了很漂亮的履歷。某天在 MBTI 工作坊結束後，這位 INFP 主管公開接受組員對這半年來的成果以及他領導能力的評價。然而，聽到那些回饋後，他開始懷疑自己是不是一個好主管，於是他跟我申請了一對一的指導。到目前為止，他的確締造了許多成果，也受到公司和組員的認可，但是在這次領導能力的評價中，雖然有很多人稱讚他的工作成果和體貼，說

他是一個好主管，卻也有很多人批評他領導能力不足，像是「希望主管能多多批評指教」、「對人好是很不錯，但還是希望主管遇到不對的事就要指出來」、「不曉得主管在想什麼。不管是什麼內容，如果能經常溝通就好了」之類的回饋。

我在和 INFP 主管一對一的對談中，先針對他目前為止做得很好的部分，給予充分的認可和稱讚，再跟他一起整理他對「好主管」以及「優秀主管」的看法。

然後我們擬定了一個目標——「讓品牌成長，打造一個大家能一起愉快地成長的團隊」。這個目標相當於補足了 INFP 主管的弱勢——沒辦法給予批評和誠實的回饋。他們還規劃了固定的例行會議，往後每個月主管跟組員會定期舉辦一次一對一的指導，然後在指導過程中提出以下三個問題，跟組員談談認可及稱讚、前饋及回饋。

1. 在過去一個月中想炫耀的兩件事？（認可及稱讚）
2. 如果回到一個月前，有哪些事想改正？（回饋）
3. 下個月想專注達成的成果，和想學習的能力及知識是什麼？（前饋）

主管會在事前告知組員問題，讓組員有充分的時間可以思考。在進行一對一指導時，讓組員先說出自己的意見，INFP 的主管也會補充一到兩個自己的看法，就可以很自然地傳達 INFP 主管誠實的建言。而且這個藉由問題展開對話的反饋時

間，是每個月一次的固定行程，所以 INFP 主管也不能隨便迴避掉。組員同樣可以透過回顧自己的工作來獲得主管的認可，效果相當正面。

ES 型：行動導向的現實主義者

根據「MBTI Form M」的韓國標準化樣本基準，ES（ESTJ、ESTP、 ESFJ、ESFP）類型約占韓國人口的 27%。ES 主管的共同特質是「迅速地做決策」、「快速行動的同時也能很快速的修正」。

ES 主管是在大企業和製造業中最常見的類型。實際上，我曾針對某大企業的 41 名 CEO 進行分析，發現其中有 46%

ES 型的特質

領導風格	需補強的弱點
1. 偏好快速做出決策、快速執行（速戰速決）。 2. 偏好有規則且可預測的工作方式及環境。 3. 偏好能馬上採取行動的具體且有效的溝通。 4. 積極且喜歡與人溝通和對話。 5. 傾向站在組織的立場做決策，而且會盡可能活用組織的資源。	1. 做決策時太著急，有時候也修正的很突然。 2. 比起他人的意見，更注重自己的意見是否有反應出來。 3. 解決實際問題時，比起新想法，更偏好用舊方法。 4. 對於細節過分執著，以致於犧牲了速度和主導權。 5. 重視現在的目標，容易忽略未來的願景和使命，以及下一個階段的成長動力。

的人都是屬於 ES 類型——特別是 ESTJ 占了 41%，其餘的部分由 ISTJ 和 ENTJ 各占了 20%。如果能夠理解在組織中占比最大的 ES 領導能力的特質，就能更清楚該企業追求的領導能力和組織文化。

❶ 以目標達成和效率為中心的ESTJ主管

在組織中，ESTJ 主管具備人們普遍最喜歡的主管形象。因為他們在達成指定目標時，會採取最佳的思考和行動，但相反的，由於他們是以事件和目標為中心來發揮領導能力，所以經常有人反映他們與成員的關係不夠好且共情能力不足。

某位 ESTJ 主管也從組員那裡得到同樣的回饋：「主管太忙，都沒時間對話。需要找他的時候，他總是不在位置上。」、「希望不要光是開會，而是在實際工作中扮演幫忙排除障礙物的角色。」、「感覺比起我們，主管好像更關心別的小組。」、「太以事件為中心來做決策，有時候也需要多體諒組員的辛苦。」

然而，ESTJ 主管表示不知道為什麼會有這樣的回饋，他反問我：「到公司上班時，把重點放在目標和成果上不是理所當然的嗎？」於是我對 ESTJ 主管提出以下的問題：「有一個只在意工作和目標，只和組員談論工作的 A 主管；另外還有一個 B 主管，他會關心組員，詢問組員最近工作做得如何、最近有沒有遇到困難、最近在煩惱什麼、是否有遇到什麼阻礙

而卡關，然後與組員一起煩惱怎麼解決阻礙。你覺得 A 主管和 B 主管，組員會比較想聽誰講的話？會比較想和哪個人一起工作？而在哪個主管底下，組員會比較努力工作？」

事件和目標很重要。不過，為了把事情做得更好而建立互相理解的深層關係，對主管來說也是一種選擇。最後，那名 ESTJ 主管認同 B 主管發揮了更強大的領導能力，也決心要改善自己不足的部分。

我在指導 ESTP 的主管時，發現他們的煩惱和 ESTJ 主管一樣。我詢問同樣的問題後也得到同樣的回覆，於是便想他應該也很快就會改變，結果聽說該名主管實際做出改變後，真的提升了他們團體的協作能力。

❷ 擅長社交的 ESFJ 主管

ESFJ 主管具備強大的社交能力，所以他們經常與許多人對話、喝咖啡聊天，每天都和不同人吃飯拓展社交圈，而且他們還負責擔任協助他人排除煩惱和障礙物的角色。只不過他們有一個弱點。那就是他們在對話時講很多自己的事情，並沒有傾聽組員的聲音。人們雖然喜歡和 ESFJ 的主管一起聊天、吃飯，但最後記得的都是 ESFJ 主管說的事。這些對話都只是純粹社交的時間，並非為了組員著想而付出。

我指導過的一名 ESFJ 主管也有同樣的弱點，他在工作上的專業性和經歷並不太突出，所以當他聽到組員的回饋後，開

始做一些自己擅長的事，那就是「媒合」。他與人們見面後，得知他人的困難和障礙，於是便動員自己的人際網絡，找到能幫忙解決問題的人並介紹雙方見面。他藉由這個過程讓人們一起學習並成長，對組員帶來了幫助。

在舉辦 MBTI 工作坊的過程中，也曾經有人問我是否一定要補強弱點，我認為這是個人的選擇。你可以像上述的 ESFJ 主管那樣，更極致地發揮自己具備的長處來展現領導能力，也可以向 ESTJ 主管那樣補強自己的弱點來發揮領導能力。

只不過有一點我們必須明白，那就是**當時間相同時，發揮長處會比改善弱點對成果帶來更大的影響**，亦即「弱點只要補強到不會造成風險的程度即可」。我認為無論做什麼樣的選擇，都是取決於自己的目的。

EN 型：行動導向的改革家

根據「MBTI Form M」的韓國標準化樣本基準，EN（ENTJ、ENTP、ENFJ、ENFP）類型約占韓國人口 19%。EN型主管的共同特質是「與以往不同的挑戰、革新、開發」、「與以往不同的變化」。

雖然他們只占全韓國人口的 19%，但在 122 名新創企業的 CEO 中，卻有 63% 的人都屬於這個類型。因此，理解 EN

主管的特質將有助於你更理解新創企業。

EN 型的特質

領導風格	需補強的弱點
1. 總是設定積極鼓勵挑戰和冒險的目標。 2. 擅長鼓勵和稱讚，具備能提升他人動力的領導能力。 3. 重視願景和使命，喜歡規劃更高遠的未來。 4. 好奇心旺盛，面對自己不太瞭解的部分，會時常學習並詢問，表現出樂於學習的態度。 5. 展現出他人身上沒有的洞察力和統率能力，經常透過演講和對話溝通。	1. 偏好新觀點的態度（只專注且只關心新推動的業務和方式），會讓遵守以前工作方式的成員有被冷落、排擠的感覺。 2. 不在意細節，除了自己有興趣的領域之外，容易漏掉許多東西。 3. 比起傾聽他人的事，更常講自己的事。 4. 比起實際去執行，有很多決策經常說完就忘記（導致後來成員也對改變漠不關心）。 5. 讓人覺得不夠尊重歷史、傳統、現實性這類的想法及工作。

❶ 提出遠大目標的 ENTP 主管

ENTP 主管具備的最大長處就是「主動應對遠大目標和變化的靈活度」。挑戰遠大目標的人基本上學習能力都很卓越，他們會到處拜訪別人，邊問邊學。所以就算是自己不具備專業知識的領域，他們也會去挑戰、去創業。失敗的時候，恢復的能力也很快速，他們不會將失敗看作失敗，而是會當作一種學習的經驗，一切都是為了在下一次成功。跟 ENTP 一起工作的優點是，成員可以體驗快速成長並變化的組織型態，而且也能跟著一起成長，體驗成功的滋味；但相反的，要迅速適應、一

起快速學習、產生變化，也會讓人感到不適。

　　某位 ENTP 的主管提到自己和組員在溝通上有困難。當時他帶領的組織成員大部分都是 IN 型，組員們對於 EN 型主管提出來的遠大目標以及持續變化的工作方式感到不舒服，甚至有組員開始覺得害怕。在舉辦 MBTI 工作坊的過程中，該名 ENTP 主管直接將自己的性格表露出來。他並非在發脾氣，而是在展露他對「挑戰、學習、成長」這三個關鍵字的重視，並且他自己也努力做出符合這些關鍵字的行為。組員們也同意 ENTP 主管對這些關鍵字的看法，因為這與公司期盼的方向、挑戰和成長等關鍵字畫上了等號。

　　後來他們推動了「團隊內部研討會」，他們都承認組織內的 IN 成員如果藉由深入的學習成長，就能獲得許多構想，並用其他方式工作。在這過程中，七名成員分別選定一個品牌，找出該品牌的特色、故事、長處、弱點以及能套用在品牌上的提案等，然後對內部成員發表自己的分析。透過 ENTP 主管選擇的「挑戰、學習、成長」等關鍵字，以及讓 IN 成員眾多的組織有所成長的「深度個人學習」、「分享成果和過程的研討會」，最終促成了所有成員的進步。

❷ 錯過執行機會的 ENFP 主管

　　有一位相當有趣的 ENFP 主管，他很清楚自己的長處和弱點──他的長處是好奇心旺盛、喜歡幫助他人、經常提出新構

想；他的弱點是對於沒興趣的領域一無所知，且特別難以遵守時間的約定和行程。

作為項目負責人時，他的弱點沒有什麼太大的問題，但當上主管之後，就替整個團隊帶來了風險，經常發生像是延遲付款、在重要決策中漏掉某些資訊、忘記當天必做事項等狀況。主管的失誤會對組員造成影響，所幸組員都喜歡跟這名 ENFP 主管一起工作。因為他總是讓工作氣氛很愉快，而且也很關心每個人。

於是他們透過團隊合作，找到了一個能補強 ENFP 主管弱點的方法，那就是「行程板」。他們在主管的座位旁設置了一個白板，上面黏著當週的行程表，記錄了每個組員的工作，或是主管必須要做的事。他們達成了一個共識，經過白板的組員看見貼在白板上的備忘錄時，就算不是自己份內的工作，也要提醒組長：「組長！今天中午之前要交報告，你沒有忘記吧？」當主管坦率地表露出自己的弱點，而組員也一起思考補強弱點的方法。每次和這個團隊見面，我都看見他們彼此愉快的溝通和工作的樣子。

部門也有 MBTI 傾向？

　　仔細想想就知道，CEO 的個性或價值觀會影響公司的文化和工作方式，我們稱之為「公司文化」。然而，不僅是 CEO，雖然影響力沒有 CEO 那麼大，但其他高階主管或是主管的個性、價值觀也會對公司的組織文化造成影響。

　　有一間新創公司的 CEO 是 ENTP 人，傾向「挑戰全新或更高的目標，並且在過程中學習新事物，用新的方式工作、執行新的策略」，所以他也鼓勵公司成員去挑戰、自由地嘗試並經歷失敗，讓公司得以快速成長。當該公司成長到一定的規模之後，他們招募了兩位高管，其中一位是 ENTJ，另一位是 ESTJ。然而，問題是他們兩位都是抱持著定型心態（Fixed Mindset）的主管。如果是抱有成長心態（Growth Mindset）的 ENTJ 和 ESTJ 主管，就會尊重成員之間的差異，活用大家的知識和經驗，但是這兩名主管只想用自己已知的知識和方法來帶領團隊。當積極主動且喜歡挑戰的 CEO，遇到只想用自己的方法做決策的兩位高管後，公司會有什麼樣的變化？在組織

內坦率地表達意見的心理安全感消失不見，只要和那兩位高管開會，大部分的成員除了回答問題之外，都不願意表達自己的想法。

也有狀況相反的案例。有另一間新創公司的 CEO 是 ENTP，高管是 ISTJ。兩位領導者都很重視成長心態，他們承認彼此的差異，努力藉由對話來溝通雙方不同的想法，並且試圖一起找出更好的答案。如果 CEO 提出具挑戰性的目標和策略，ISTJ 高管就會去掌握能實現目標和策略的資源，然後思考實際可執行的方法。他們會隨時詢問對方的意見，花時間尋找「自己沒想到的觀點」。

就像這樣，研究公司的文化時，只要參考 CEO 和主要高管的 MBTI 及心態類型，大約就能以此類推出組織文化的樣貌。以部門單位來看時，只要掌握組長和全體組員的 MBTI 和心態類型，一樣能類推出部門的文化。必須注意的是，只看 MBTI 的結果，很可能會產生偏見，所以按照以下方式來運用會比較好：

1. 使用「MBTI Form Q」測驗分析個人的行為特質，並且將結果分享出來。
2. 確認部門中較多類型的人數，並且掌握主管的 MBTI 類型。
3. 首先記錄人數較多的類型和主管 MBTI 類型的長處及

弱點，然後在實際工作的過程中，藉由誠實的討論或對話來檢視經常重複出現的困境和行為。

4. 這時候，如果出現了之前沒記錄到的相反類型的長處和弱點，就修改之前的記錄內容，並且找出部門中真正具備的長處和弱點。

5. 在保留長處的前提之下，擬定兩到三個不同的工作方式和規則來補強弱點，並且執行一個月後，看看回饋如何。

6. 重複上述一到五的步驟，持續找出最適合該部門的工作方式和規則。

那麼，以下就藉由按上述方式運用的實際案例，看看如何以部門為單位來活用 MBTI。

改善與其他部門的溝通方式

這個設計部有十名成員，該部門的工作是設計產品和包裝。不過，我分析這十個人的數據後，發現了一件有趣的事。那就是有九個人（90%）是直覺型，只有一個人（10%）是實感型。事實上，在業務方面經常與設計部溝通的產品部，正為太過抽象的溝通所苦，而設計部過度重視設計美感的結果，也造成客戶常常反應實用性不足。再加上該部門中內向型人的比例較高，因此他們也常被批評只是埋首於自己的工作，欠缺合

作和溝通的能力。不過，他們的長處是工作速度很快，而且也有一些客戶稱讚他們漂亮的設計。我與該設計部門進行了七次 MBTI 工作坊，他們理解了自己的特質，與彼此分享後，立刻開始站在部門的角度，思考該怎麼改善工作方式。

一番苦思後，他們的結論是「提供參考資料」。和產品部溝通時，設計部一再收到的回饋是：「太不現實、太重視美感，很難理解設計部門說的內容。」更進一步瞭解後發現，產

設計部門（10 人）

E	I	S	N
40%	60%	10%	90%

T	F	J	P
60%	40%	40%	60%

ISTJ	ISFJ	INFJ	INTJ	ISTP	ISFP	INFP	INTP
10%		10%	20%			20%	
ESTJ	ESFJ	ENFJ	ENTJ	ESTP	ESFP	ENFP	ENTP
						20%	20%

長處　#適應變化的速度 #新方法 #創意 #審美觀

弱點　#以個人工作為中心 #不具體的抽象溝通

品部的成員有 70% 都是實感型，所以他們沒辦法理解直覺型占多數的設計部所提出的抽象且新穎的構想。

在參與工作坊之後，設計部在分享構想時，一定會提供可以參考的圖像、影片或是樣本，然後也會多補一句：「這次提出的設計類似於附件一，如果還需要追加的參考資料，請再跟我們說。」設計部表示，當他們在提出構想時附上參考資料後，實感型很快就能理解不清楚的內容，產品部採用設計師構想的比例也增加了。

建立自主學習文化的團隊

由八個人組成的生產部門，每個人自己都有一套處理工作的方式。每位成員負責兩到三個產品，生產負責人要管理所負責的產品品質和生產進度，以及生產的工廠等，這種工作形式如實地反映出他們忠於個人工作的 MBTI 特質。

然而，這種方式有一個弱點，那就是他們不分享個人的知識和經驗。雖然以工作為中心、不干涉別人工作的組織文化也是原因之一，但是生產部門成員本身的 MBTI 組成同樣帶來了影響。因為該部門中有許多內向型和判斷型的人。

主管在進行 MBTI 工作坊的過程中發現了這個問題，於是便找我一起討論該怎麼解決。後來，我們找到的解法是「打造

生產部（8 人）

E	I	S	N
37%	63%	63%	37%

T	F	J	P
75%	25%	75%	25%

ISTJ	ISFJ	INFJ	INTJ	ISTP	ISFP	INFP	INTP
22%			11%		11%		11%

ESTJ	ESFJ	ENFJ	ENTJ	ESTP	ESFP	ENFP	ENTP
22%							

長處　#盡責完成被交付的工作 #擬定具體的計畫

弱點　#知識與經驗沒有共享 #關係親密度不足
#排斥用自己不瞭解的方法執行

出分享個人知識和經驗的文化」，為此必須採取兩個行動。

第一、每週固定時間，邀請成員輪流分享自己的經驗和知識。第二、將新進的實習生和前輩分為同一組，以正副手的身分互相搭配，並且每天交付任務來督促成員學習。之所以推動這兩件事，是因為我們很清楚要幫助實感型成長，最重要的就是學習。雖然生產部門總是妥善完成被交付的工作，卻很排斥

用新的方式做事，所以勢必會在成長上遇到限制。為了解決這個問題而推動的這些改革，為部門成員增添了許多動力。因為他們雖然想要成長，卻不知道方法，而主管剛好在這時候提出了解決方案，讓他們在工作的過程中養成學習和分享的習慣。另外，有些人在教導實習生的時候，重新整理了自己的知識和經驗，甚至整理出一套講義教案。

尊重各自的工作方式，形塑團隊的獨特樣貌

透過 MBTI 掌握部門全體的氛圍和每個組員的特質並非難事。關鍵在於知道那些內容之後，主管面對「是否要改變工作方式來達成部門目標」這一議題時，扮演了什麼樣的角色。媒體內容 A 組聚集了擁有多元性格特質的組員。該部門的特質是自由，主管本身是 ESFJ，具備透過頻繁溝通來配合個人特質的個性。然而，由於文化太過自由，導致沒有達成部門目標、不符公司規劃的組員越來越多。之所以會出現這樣的現象，其中一個原因便是團隊組成不久，尚未制定一起工作的方式。主管獨自一人聽取組員們各式各樣的意見，瞭解需求後一一去改善，不知不覺已經疲憊不堪。於是，他們決定參加 MBTI 工作坊。

為了瞭解組員們的特質，所有組員都說了關於自己的故事，其中最重要的部分就是提到「主管的性格」。另外，我們

媒體內容 A 組（12 人）

E	I	S	N
54%	42%	25%	75%

T	F	J	P
58%	42%	50%	50%

ISTJ	ISFJ	INFJ	INTJ	ISTP	ISFP	INFP	INTP
18%		18%		18%		17%	

ESTJ	ESFJ	ENFJ	ENTJ	ESTP	ESFP	ENFP	ENTP
	18%		25%			18%	17%

長處　#多元且有創意的構想

弱點　#計畫之外的行動以及不按照規畫執行的行動
　　　#與目標不一致的構想

還瞭解到在組內遵行計畫的只有兩個人，其餘的組員都是「按照自己的方式執行」。主管最重視的部分就是「遵守事前協議及約定好的行程和計畫」，除此之外都尊重個人的自主權。

從那之後，他們制定了工作的規則，主管開始每週和組員們進行一對一面談，尤其與工作方式尚未定下來的組員經常見面，而跟工作方式明確、可以獨立執行計畫的人員則是隔週見

一次面，並且稍微多派一些工作給他們。有新成員加入時，一定會讓他參加 MBTI 工作坊，藉此讓新成員及主管瞭解彼此的特質，以及理解彼此在什麼狀況下比較有動力、什麼狀況下比較沒有動力，好幫助新成員快速融入並與團隊合作無間。

結合各自的長處，強化競爭力

在我的印象中，變化得最快且最戲劇化的部門就是品牌 A 組。品牌 A 組的成員個個都有自己的特色，工作的時候有一套自己的方式，他們清楚知道自己覺得舒服的方式、創造出成果的方式以及自己想做的事情。他們全部都是五年以上資歷的員工，所以都有各自的夢想和願景，以及獨有的工作方式。而且他們都是雖然喜歡工作，卻對建立關係毫無興趣的人。

我與他們的主管談論到該如何解決組織的問題時，擬定了一個計畫：「先花時間和彼此熟悉，然後再分享各自工作的方式、知識和經驗，並且多聊聊部門的目標。」然後，我們首先做的第一件事情就是舉辦 MBTI 工作坊。在工作坊中，我們先讓組員們知道彼此有多麼不同，再讓每個人自我介紹，並且多花了一些時間瞭解 ENTP 型的主管。ENTP 主管作為主持人，將組員分成三個小組來討論這個主題：「我跟組員們心中的 ENTP 主管」，讓大家整理並分享自己的看法，結果大家真的很快就熟了起來。

品牌 A 組（11 人）

E	I	S	N
45%	55%	45%	55%

T	F	J	P
82%	18%	36%	64%

ISTJ	ISFJ	INFJ	INTJ	ISTP	ISFP	INFP	INTP
18%				9%	9%	9%	9%

ESTJ	ESFJ	ENFJ	ENTJ	ESTP	ESFP	ENFP	ENTP
			9%				27%

長處　#適用有創意的新構想
#為了更好的工作成效付出個人的努力　#關心成長

弱點　#覺得自己的方法比別人更好　#把焦點放在工作和成果上，
對關心彼此、建立關係沒有興趣

　　然後在第二個階段，主管宣布了以下措施：「之所以在業務繁忙的時候還是照常舉辦 MBTI 工作坊，是因為我覺得我們如果更瞭解彼此，在團隊協作上也會更有幫助。另外，更進一步來看，如果我們能分享彼此具備的知識、經驗、資訊和訣竅，就能成長得更快速，朝著部門的目標往同一個方向前進。所以從下週開始，會從每週的週例會中抽出二十分鐘，請每個

人輪流分享『對其他人有幫助的知識和資訊』。我也包含在內。每個人大概三個月會輪到一次。」

　　用抽籤的形式決定一到十一號的順序後，組員按照順序每週在會議時進行二十分鐘的報告，而這些改革讓他們開始蛻變成強化團隊合作的部門。站在理解彼此不同的基礎之上，他們成為了為部門目標而共享自己知識與經驗的強大組織。

不同規模企業體的 MBTI

在韓國與我相同 MBTI 類型的人有多少？根據韓國 ASSESTA 機構發行的《MBTI Form M 指南》中的數據，韓國人口中占比最高的類型是 ISTJ，大約占了14.7%。第二多的是 ESTJ，占了 10.7%，再來是 ISFJ 和 ENFP，各自占了8.4%。ESFJ 占 6.6%，INFP 占 6.5%，接著是 ISFP 占5.9%，INTJ 占 5.5%。相反的，占比最少的是3.5%的 ENTP 和 ENFJ，還有大約 3.8% 的 ENTJ 和 INFJ。

MBTI 各類型在韓國人口的占比

ISTJ	ISFJ	INFJ	INTJ	ISTP	ISFP	INFP	INTP
14.7%	8.4%	3.8%	5.5%	4.7%	5.9%	6.5%	4.3%
ESTJ	ESFJ	ENFJ	ENTJ	ESTP	ESFP	ENFP	ENTP
10.7%	6.6%	3.5%	3.8%	4.4%	5.3%	8.4%	3.5%

出處：《MBTI Form M 指南》，韓國 ASSESTA。

然而，這與我實際見面後分析的職場人士 MBTI 的比例稍

微有些出入。從 2019 年 7 月開始至今，我已經對大約兩千人進行了「MBTI Form Q」測驗，並與其中 1248 位職場人一起舉辦工作坊。根據上述方式蒐集到的數據整理後如下：

我實際見過的職場人 MBTI 比例

ISTJ	ISFJ	INFJ	INTJ	ISTP	ISFP	INFP	INTP
17.8%	3.1%	2.5%	5.3%	7.6%	3.1%	4.7%	4.5%

ESTJ	ESFJ	ENFJ	ENTJ	ESTP	ESFP	ENFP	ENTP
15.0%	3.7%	3.1%	5.5%	6.6%	2.6%	7.0%	7.7%

雖然 ISTJ 和 ESTJ 一樣位居第一、二名，占據了相當大的比例，但是其中差距最多的就是 ENTP 和 ISFJ。ENTP 的比例大約比全國多了 4.2%，總共占了 7.7%，而 ISFJ 則反過來，比全國少了 5.3%，總共占了 3.1%。在我煩惱背後的原因為何時，又整理了另一份數據，也就是大企業、新創企業以及中小製造業分別的 MBTI 分佈比例。

比較各企業群的數據後會發現，大企業和中小製造業人數較多的 MBTI 類型排序非常相似。大企業的排序是 ISTJ（21.3%）、ESTJ（15.4%）、ISTP（11.2%），這三個類型加總起來約 48%。而中小製造業的排序則是 ISTJ（24.5%）、 ESTJ（17.9%）、ISTP（7.5%），加起來大約占了 50%。

大企業的 MBTI 比例

ISTJ	ISFJ	INFJ	INTJ	ISTP	ISFP	INFP	INTP
21.3%	1.1%	3.2%	3.7%	11.2%	0.5%	5.3%	5.9%
ESTJ	ESFJ	ENFJ	ENTJ	ESTP	ESFP	ENFP	ENTP
15.4%	4.8%	0.5%	4.3%	6.9%	1.6%	7.4%	6.9%

中小製造業的 MBTI 比例

ISTJ	ISFJ	INFJ	INTJ	ISTP	ISFP	INFP	INTP
24.5%	5.4%	0.3%	5.4%	7.5%	5.4%	2.7%	4.5%
ESTJ	ESFJ	ENFJ	ENTJ	ESTP	ESFP	ENFP	ENTP
17.9%	4.5%	2.4%	2.7%	6.0%	3.6%	3.9%	3.6%

新創企業的 MBTI 比例

ISTJ	ISFJ	INFJ	INTJ	ISTP	ISFP	INFP	INTP
14.8%	2.6%	3.4%	5.4%	8.1%	3.6%	5.7%	4.5%
ESTJ	ESFJ	ENFJ	ENTJ	ESTP	ESFP	ENFP	ENTP
11.2%	3.3%	3.7%	5.6%	6.8%	3.3%	8.1%	9.9%

相反的，新創企業前三名的類型為 ISTJ（14.8％）、ESTJ（11.2％）、ENTP（9.9％），再來是 ENFP、ISTP（8.1％），這些類型總共占約 52％，與其他兩種企業群有很大的差異。不過，新創企業最大的特徵就是聚集了各式各樣的人才，這與其他的企業群很不一樣。另外，相較另外兩種企業群，新創企業內的實感型和直覺型比例差距很小。

實感型和直覺型的比例

類別	實感型	直覺型	相差
大企業	63%	37%	26%
中小製造業	75%	25%	49%
新創企業	54%	46%	7%

我認為這個差距對不同企業群的工作方式造成了影響。直覺型很多的新創企業，傾向於設定有挑戰性的目標，並且偏好用新的方式工作，可以說是更專注在「Why」的議題上。

另一方面，中小製造業傾向將產品品質維持在一定的水準，並且在期限內生產完畢，可以說是更專注在「How」的層面。兩者之間最大的差異就在此處。而大企業旗下的每個企業都具備多種商業模式，因此它的傾向應該介於新創企業和中小製造業之間。

外向型和內向型的比例

類別	外向型	內向型	相差
大企業	48%	52%	-4%
中小製造業	44%	56%	-11%
新創企業	52%	48%	4%

用相似的模式去比較其他功能時，稍微可以觀察出其中的差異。分析外向型和內向型的比例後，發現新創企業的外向型比例較高。他們之所以能更快速地推動工作、給予回饋，然後再次推動，應該也是因為在業界中，他們的外向型比例過半的緣故吧？另外，新創企業與大企業、中小製造業相比，在互相合作的時候，顯得更為積極，更能促進動能的流動，並且也具備主動引導工作的特質。

判斷型和感知型的比例

類別	外向型	內向型	相差
大企業	54%	46%	9%
中小製造業	63%	37%	26%
新創企業	50%	50%	0%

最讓人驚訝的就是判斷型和感知型的差異。大企業和中小製造業的判斷型占比較多，而新創企業的判斷型和感知型比例

則是一模一樣。新創企業的商業模式特徵也呈現出這種特性。觀察新創企業的商業模式時會發現，他們經常使用「策略轉向（Pivot）」這個詞彙，其中蘊含著修正商業模式或方法的意思。需要策略轉向時，他們經常使用的方法就是「敏捷開發（Agile）」，這原本是新創企業主要在使用的方法。最近不僅是韓國三星電子，連 Google 和微軟等全球企業都在使用。

敏捷組織意指「靈活、敏銳的組織」，是一種打破部門之間的界線，根據某種目的或公司需求組成小規模的團隊以執行工作的組織文化。這跟傳統的垂直架構不同，它打造的是一種自主協作的水平工作環境。在敏捷組織中存在著兩種溝通方式——上對下傳達指示的「由上而下（Top-down）」和下對上提出要求的「由下而上（Bottom-up）」。因此，在使用敏捷思維工作的組織中，所有的成員都被要求積極參與，很強調應變的彈性和自發性，是一種高度水平化且民主的運作方式。

敏捷組織最大的長處就是「策略轉向」，也就是說當組織判斷當前的專案「有誤」時，立刻可以更改成其他專案。在這種時刻能一展長才的 MBTI 功能就是感知型，因為感知型的長處正是「接受變化」的能力很高。因此，我們可以假設商業速度的排序為：新創企業＞大企業＞中小製造業，而且直覺上也能認同如此排序的結果。

組織期盼的方式和我的傾向

　　當然，這份數據無法反映所有企業的特徵。因為每個企業都不一樣，每個部門也都不相同。另外，因為這些分別是188名大企業員工、644名新創企業員工和335名中小製造業員工等少數工作者的數據，所以無法代表所有的產業群體。不過，透過將全體綁在一起的模式，可以跟自己所屬組織的MBTI分佈比較看看，檢視自己的組織具備的特徵。

　　不過，上述呈現的各類型占比，並不能替你判斷你與各個產業群的合適程度。也就是說，在大企業中占比最多的ISTJ類型，不見得就適合進入大企業工作。我在大企業及新創企業工作時，也曾經有配合各種狀況去適應並成長的經驗。若說在大企業的工作是有計畫且可預測的，那麼在新創企業就是處於相反的狀態，工作中總是充滿了有挑戰性的目標和持續不斷的變化。這兩者中，大企業提供的工作環境對我來說是比較舒適的，但是新創企業能在短時間中提供我更多的經驗和可以成長的機會。我認為最重要的是明白自己是哪種傾向，並且決定自己要如何去適應組織要求的角色和工作方式。這也是我認為各位應該透過本書收穫的部分。

透過 MBTI，有辦法掌握到人的全貌嗎？

在教授 MBTI 時，我一定會強調一個部分，那就是不要用 MBTI 的十六個類型來斷定他人。沒有學過 MBTI 專業課程，只在網路或書籍上稍微學過 MBTI 的人──尤其是主管──最常犯的錯誤就是，學了一點 MBTI 之後，就將某個人分在單一類型並加以評斷。

「○○是 ISTJ，所以要由我來指派工作才行。」、「如果沒有認可他做得好，他就會在心裡鬧彆扭。所以你去稍微稱讚他一下吧！」「○○是 ENFP，所以總是很吵。大概只有生病的時候才會安靜。」像這樣根據組員的 MBTI 類型來斷定他們具備哪些弱點和長處。

然而，十六種類型足以代表這世界上的所有人嗎？絕對不可能。如果有一億個人，就會有一億種模式、個性、傾向和偏好。也就是說，這個世界上不存在同樣類型的人。根據個人天生的特質、個人所處的外部環境、個人當下的心情，會測驗出各種不同結果的 MBTI。

MBTI 的十六個類型就是某些相似的特質所組成的模式，而且在掌握一個人時，有一件事比知道 MBTI 更重要，那就是觀察那個人實際上是如何說話並行動的。

　　使用 MBTI 時，重點在於不要盲目的相信。我們體檢的時候會接受各式各樣的檢查，會抽血檢驗血液中各式各樣的數據，還會使用內視鏡來看腸胃的實際狀況，也會使用心電圖和 X 光等各種機器，一一檢查全身上下的各項數值，並且用眼睛確認結果。

　　然而，MBTI 並非診斷的工具。不只是 MBTI，MMPI（明尼蘇達多項人格測驗〔Minnesota Multiphasic Personality Inventory〕）、DISC、Strengthsfinder 等各種心理性格類型測驗，都是由當事人自行選擇的方式來進行的。也就是說，並不是用診斷的方式來檢查，而是以掌握狀態的方式來測驗。在這種時候誤判的機率很高，因為「我們是會受環境影響的人類」。我們的一生暴露在各式各樣的環境中。小時候，父母和兄弟姊妹帶給自己的影響最大；而在成長的過程中，學校和朋友又會對自己的性格帶來影響；接著進入職場後，你所屬的公司、負責的職務、與之共事的主管和同事類型等，都是會對你造成巨大影響的外部環境。

　　假如在做 MBTI 測驗的這一天，公司同事要求你

「好好遵守時間」，你會在測驗中做出什麼樣的選擇？平常的你比起妥善規劃時間、遵守期限，更喜歡自由地運用時間，但如果你的父母與你相反，有規劃時間的習慣，你又會怎麼做？倘若真是如此，那麼你在 MBTI 測驗中很可能會做出與平常的你不同的選擇，去勾選「擅長遵守時間」的選項。因為你想在父母和同事面前表現出那種模樣，並希望自己能夠成為那樣的人。這時，你心中描繪的理想自我就將你天生的性格給擠下去了。

在做 MBTI 測驗時，如果沒有認識到這種差異，你透過測驗找到的就不是自己天生的特質，而是環境對你造成影響的結果。也就是說，你適應環境後表現出來的模樣以 MBTI 呈現出來了，這樣的結果是客觀的嗎？

為了讓 MBTI 測驗可以更客觀地進行，在開始之前我都會傳達幾個注意事項，關鍵在於「撇除外部或內部環境對你造成影響的因素」。

進行 MBTI 測驗時需要注意的事項

1. 不考慮公司主管或同事對你的要求。
2. 不考慮父母和家人對你的期待。
3. 不考慮自己國家的傳統文化和地區特性。
4. 不考慮公司職責、職業和性別給予的期待。
5. 不考慮自己理想中的樣貌。

在接受 MBTI 測驗時，必須忘掉一切會對你造成影響的事物，然後選擇你覺得最舒服的行為、經常做的行為以及你在舒適的環境中會重複做的行為。MBTI 並不是診斷你的個性和評價個人能力的診斷工具，也不是尋找誰擁有更好的 MBTI 類型的 IQ 測驗。務必記得，它的目的只是要讓你更清楚地理解自己，所以它要找的不是適應環境後的自己，而是你天生具備的特質。要正確理解自己，才能決定該如何去適應現在影響你的環境。

第四章

量身打造的
MBTI 工作技巧

截止前的 P 和 J

職場的你，
為何 MBTI 會改變？

　　有一名 A 組長，他跟我進行過兩次 MBTI 測驗和四次工作坊。最一開始他測出來的類型是 ISTP，而且他本人也相當信賴這個結果。當時他身為企劃負責人，企劃由他一人主導，並且跟行銷部和生產部的負責人一起合作。然而，他在一年後擔任某品牌的主管，負責管理一個十人團隊，結果在第二次測驗時他測出的是新結果「INTP」。短短一年內，他身上產生了什麼變化，才促使他從一個實感型轉變成直覺型？

　　經過一番對話後，我們都認為雖然他從獨立推動工作的負責人變成帶領品牌的主管，但這其實沒有對他造成很大的影響。他跟組員的關係很好，對 A 組長來說，不論是作為企劃負責人還是主管，這個品牌都和他自己一樣重要，只不過公司和管理階層工作的方式產生了巨大的變化。如果說過去是按照「自己企劃喜歡的商品、提出企劃案、獲得批准」的流程，根據自訂的速度來工作，那麼成為團隊主管之後，他變成必須得先設定一年、三年、五年後的計畫，以及品牌願景和使命。他

在進行第二次 MBTI 測驗的前後，花了大約六個月的時間，持續跟管理階層討論品牌的願景和使命。

實感型的特質是喜歡以現在和過去的經驗為基礎，將時間投資在現在該做的事情上面；相反的，直覺型偏好先設定未來的目標和願景，然後再根據那些決定當下的決策。在那時，與 ISTP 的 A 組長一起討論願景和策略的執行長是 ENTP，所以為了與執行長對話、一起經營品牌，A 組長工作時必須使用更多直覺型的特質。

A 組長很擅長達成短期目標、重視效率，但擬定未來策略、決定願景和使命的重要順序等，卻是他從未嘗試過的陌生領域。因此，他的 MBTI 類型雖然變成了 INTP，但那部分的工作對他而言仍然是不舒適的領域，他一直覺得：「為什麼要做這個？比起這個，感覺還有更多該做的事情……」於是，我簡單跟他說明了他們執行長的特質，並且建議他為了讓品牌得到更多的力量、得到更多執行長和公司的支援，他必須提出更具影響力的品牌策略和使命，然後也跟他分享了能幫助實感型像直覺型那樣提出願景和使命的簡單方法，那就是「學習」。

直覺型很習慣提出跟以往不同的創意式構想，所以他們擬定策略之後，會設定一個跟以往完全不同形象的品牌。相反的，實感型會循著品牌原來的形象去設定願景和策略，他們會試著採用過去常用的方式，或是已知但還沒用過的方式。

然而，這些方法對直覺型來說都是老套的方法。因此，為了說服直覺型的執行長，必須要設定一個有創意且遠大的目標。為此，我告訴 A 組長一個擬定策略的理論──三視界模型（3 Horizon）[3]，並建議他找出其他品牌設定策略和使命的案例至少十個以上，參考他人的經驗學習。實感型很難像直覺型那樣，馬上就能擬定出有創意的策略。不過，實感型很擅長將自己的所學實踐在工作上。

　　像這樣，如果你是一名實感型主管，那麼你可以一邊學習擬定策略的模式（例如3 Horizon）和其他品牌的策略，一邊擬定自己品牌的策略；也可以反覆跟擅長策略企劃的友人進行討論；或者將自己視為模範的品牌成長過程，當作標竿學習的對象。除此之外，也可以和職涯教練一起在過程中解決問題，或是和組員一起在便利貼上寫下各自想像的品牌未來，然後分享彼此的想法、互相提問。若想在這些方法當中找到最適合自己類型的方法，就必須分辨自己的「真實類型」和「職業類型」，然後以此為基礎，找到自己能夠更舒服、更順利完成工作，或是把工作做得更好的方法，而不是用 MBTI 的類型來侷限自己。

3　指用於幫助企業制定長期成長的方法，三個階段依序為：現在的核心商業模式、獲取新機會的商業模式、尋找未來可獲利的構想和機會的模式。

區分我的真實類型和職業類型

　　假如你在職場察覺到某位同事的類型，務必記得，那可能不是他的真實類型，而是他的「職業類型」。職業類型是配合職業、職務或是企業組織文化採取行動時表現出來的模樣，但你完全不必覺得真實類型和職業類型不同就很虛偽，或是認為自己在欺騙自己。雖然每個專家看法不同，但我認為在清楚知道自己真實類型的情況下，配合身處的環境展現出各式各樣的職業類型，是一種成長的模樣。因為你是根據自己的意志在挑戰不偏好的行為。這也意味著與你相反類型的人，可能會對你的行為產生正向反應或是感到舒服。

　　舉例來說，雖然我非常清楚自己是 ISTJ，但在進行演講或指導時，會做出一些外向型的行為──「主動靠近說話、在對話時做出較大的反應、更努力去與人對話」；面對辛苦的同事時，也會先採取情感型的行為，像是「使用鼓勵、同理他人的詞彙」。請務必記得，MBTI 是幫助你理解人的工具，但它並沒有正確答案。

　　接下來我們要像 A 組長那樣，花些時間簡單探索一下自己目前在職場或是生活中的真實類型和職業類型。請參考範例分別思考看看真實類型的自己和職業類型，然後找出自己需要補足的部分。

【範例】

職場角色：品牌組長　　　　　　　　　　　我的 MBTI 類型：ISTP

他人對我的期待	我的優勢	我的弱勢	改變的策略
針對品牌的願景和使命，擬定一年、三年、五年後的策略	· 達成短期目標 · 執行計畫的過程中會配合狀況進行修正和變化	· 很難設定遙遠未來的目標 · 將策略圖示化 · 沒有構建願景和使命的經驗	· 學習十個其他品牌的策略 · 活用策略理論，如 3 Horizon · 與有創意的組員一起討論

生活角色：爸爸　　　　　　　　　　　　　我的 MBTI 類型：ISTJ

他人對我的期待	我的優勢	我的弱勢	改變的策略
減少工作時間，稍微多花些時間跟家人相處	· 擅長規劃獨處的時間 · 守約且負責 · 很有規律	· 就算是週末也很討厭計畫之外突然的行程 · 一旦回家就不想再出門	· 事先將與家人相處的時間當作行公事來計畫（例：每週六去咖啡廳、每季出門旅遊一次、週間一起吃三頓晚餐）

職場角色：　　　　　　　　　　　　　我的 MBTI 類型：

他人對我的期待	我的優勢	我的弱勢	改變的策略

職場角色：　　　　　　　　　　　　　我的 MBTI 類型：

他人對我的期待	我的優勢	我的弱勢	改變的策略

如何用 MBTI
自我覺察？

有一次，我在某企業和組長級以上的主管們舉辦 MBTI 工作坊的時候，發生了一件事。有一位組長在工作坊的中場休息時間，過來和我說話。

「我本來不懂提到領導能力時為什麼要討論 MBTI，但我現在渾身都起雞皮疙瘩。我看到工作坊的成果表後嚇了一跳，在參與工作坊的期間，聽到跟我不同類型的人的想法和行為，讓我很是驚訝，而且教練你在過程中跟我們解釋不同類型常做的行為和背後的原因時，我整個人都起雞皮疙瘩了。因為我重新回想自己的行為和其他人的行為後，突然可以理解了。真想趕快回去重新觀察組員們的行為。」

這位組長談的正是自我覺察（Awareness），我稱呼它為「正念」或「自我覺察」。何謂自我覺察？最近的電視節目有許多提供諮詢或指導的內容，其中在幼兒教養節目裡，偶爾會看到父母被自己的畫面嚇到的樣子。那些畫面是「他們責罵小孩的模樣」，他們有時候會擺出藐視孩子的表情，有時候會做

出很可怕的表情，連他們自己也嚇到了。然而，父母雖然是初次看到自己生氣的模樣，但小孩呢？每次父母對小孩生氣的時候，小孩都會看見那樣的表情。

提到領導能力時所講的自我覺察，指的就是這種能力。主管會不自覺地在天生性格的驅使之下做出熟悉的行為，也就是符合傾向的說話和做事。然而，當事人在客觀上卻不記得自己實際的行為，因為那實在太過熟悉且自然。不過，對跟主管的性格傾向不同的組員來說，或許就和孩子面對父母生氣時的心情一樣。

不僅是主管，我們在和同事、家人及朋友相處時，也會依自己天生獨有的性格來說話並行動。因此，你周遭的人說不定會因為你的言語和行為而感到不舒服，或受到負面的影響。

所謂的自我覺察就是覺察到自己的行為，就如同上述父母透過影像看見自己生氣的模樣那般。透過覺察，可以理解自己的行為對周遭與自己相似或不同的人造成了什麼影響。

尤其是如果藉由 MBTI 來進行自我覺察，就能根據 E／I、S／N、 T／F、J／P 的標準，更輕鬆地理解與你相似或不同行為的人，以及他們那麼做的理由。知道理由之後，你就能配合對方來改變自己的行為，而這種體諒對方的行為有時會引起巨大的蝴蝶效應。

我們會理所當然地認為配合自己的人是「尊重我的人」，尤其是遇到尊重自己的主管，他會傾聽我的話語，對我的意見抱持正向的好奇心，並且以友善的態度對待我。另外，我認為所謂的尊重就是持續做出「認定對方是重要的人」的行為。就算給予了成長和成功的機會，如果不受尊重，不論是誰都不會想長久跟你一起工作。不過，如果該組織中有很多能配合你、尊重你的主管和同事，你應該就會更想和他們共事吧？以下就從這個角度切入，透過「我專屬的特質運用紀錄」學習單來進行自我覺察。

1. 記錄下所有你在獨處時偏好以及不偏好做的行為。
2. 詢問家人、朋友和職場同事對你的瞭解，並寫在補充處。
3. 不要太在意自己的類型，而是以自己實際上經常反覆做的行為為主。
4. 整理自己偏好及不偏好的行為後，接下來請將待改善之處寫在「進步的策略」裡。
5. 跟家人、朋友和職場同事分享「進步的策略」，並邀請他們給予意見。請他們針對你有在努力的部分給予認可和稱讚，不足的部分則給予建議。

【我專屬的特質運用紀錄】

● 外向型／內向型

情境	偏好的行為	不偏好的行為	進步的策略
與人對話			
認識新的人			
有壓力			
工作時（職務特徵）			
與上司討論			

● 實感型／直覺型

情境	偏好的行為	不偏好的行為	進步的策略
擬定目標			
提出構想			
撰寫報告			
與上司溝通			
自我成長			

● 思考型／情感型

情境	偏好的行為	不偏好的行為	進步的策略
如何做決策			
為團隊做出貢獻			
發現錯誤			
同事遇到困難			
與上司溝通			

● 判斷型／感知型

情境	偏好的行為	不偏好的行為	進步的策略
計畫和執行			
面對改變的態度			
如何擁有動力			
做出成果的方法			
與上司溝通			

16型人
職場特質及策略

　　首先，工作的時候最重要的就是理解「自己」。當你知道工作時、在達成目標時需要的職務技巧、知識和經驗，就能以自己的長處和弱點為基礎，找出在工作上運用自身天賦的方法。然而，以團隊為單位行動時，還有一點需要注意，那就是要像理解自己那樣去理解同事，並且提供適當的環境讓同事活用自己偏好的長處。

　　我們沒有任何一個人可以獨自完成所有的工作，而且比起獨自工作，大家合作時能創造出更大的成果。組織之所以以團隊為單位運行是有原因的。既然如此，在團隊中應該怎麼做才能創造出更大的成果？主要有兩個方法，一個是為了更舒服地做自己偏好的行為，與團隊中其他同事溝通並取得理解，另一個是調整自己去配合他人偏好的行為。

　　以下要介紹的「MBTI 各類型的特質」，適用於他人願意配合自己的時候，請試著按照以下方式進行：

【第一階段】

1. 先從 MBTI 的十六個類型中找到自己的類型。

2. 根據 MBTI 類型的特質，勾選自己最重視的一到兩項內容。如果表格內沒有你最重視的內容，可以在空白處寫上自己重視的部分。

【第二階段】

3. 跟同事們聚在一起分享彼此勾選的項目和選擇的理由。找出同事勾選的項目，寫下同事的名字。

4. 坦白說出實際發生過的經歷。

【第三階段】

5. 根據對方在工作和行為上重視的部分，在為期兩週到一個月內，調整自己的溝通、行為和工作方式來配合對方。

6. 兩週到一個月後再次相約討論，針對這段時間彼此為了對方所做的努力給予回饋（覺得好的部分、受到幫助的部分、需要改善的部分、表達感謝等）。

在團隊裡發揮自我價值的方法

● ISTJ：一旦開始就會做到底

職場相處及成長策略	勾選欄
1. **稱讚他的責任感及付出的辛勞** 認可並稱讚他負責推動的工作，哪怕是小小的貢獻也一樣給予認可。因為最能讓他產生動力的方法之一就是「認可」。	
2. **詢問 ISTJ 過去的經驗或案例** ① 他解決問題的方法是以過去的經驗和知識為基礎，如果有可以參考的案例，工作起來會更得心應手。 ② 務必詢問他的意見。雖然因為他太謹慎而不輕易開口，但只要提供機會，還是會將自己知道的所有知識傾囊相授。在會議時間保持沉默，不代表他沒有意見。	
3. **給他具體的方向和目標** 「不覺得這很奇怪嗎？重新做一次。你自己看著辦。」他最討厭模糊的指示。給予回饋時，最好能明確指出有問題的部分。	
4. **會對突然的變化感到壓力** 尤其在必須趕快做好或是截止日期靠近的時候，他的壓力會特別大。行程、方向、策略等需要更動時，盡量提早一點告知。另外，遇到要修改的狀況時，也可以詢問他發生了什麼問題，瞭解他需要什麼幫助吧！	

職場相處及成長策略	勾選欄
5. 非常重視約定。 由於他的責任感很強，所以不僅是對自己，也會認為別人應該為了遵守約定而努力。ISTJ 一旦立下約定，就會努力投入其中。	
6. 提醒 ISTJ 優先確認最重要的目標是什麼 他很重視效率，而且喜歡顯而易見的結果，所以對短期就能看見成果的工作比較有興趣。他偏好先做瑣碎且簡單的事情。因此，偶爾需要確認他是否有遺漏，也務必確認他是否明白長期目標。	
7. 建議他培養共情及理解的能力 ① 由於他都是以工作、結果和成果為中心，所以經常感受不太到自己及他人情緒。可以試著詢問他：「最近有稱讚周遭的人嗎？」、「最近你身邊有辛苦的人嗎？」、「你能為那個人做什麼？」 ② 在開會的時候，他會用批判性、分析導向的方式說話，很擅長找出事情不順利的原因。雖然他表達時，並非帶著負面的情緒，卻很容易被誤會。	
其它重視的特質：	

● ISFJ：老實又溫和且擅長與人合作

職場相處及成長策略	勾選欄
1. 除了現實的目標，也要提醒他關注未來的願景，並確認執行的狀況 　① 他很重視現實，所以可能會錯過隱藏在深層的目標以及未來的可能性。分配工作給他的時候，要明確區分現在和未來希望獲取的成果，然後具體告知，並且指出在達成目標上的阻礙。 　② 最好能具體跟他說明實現未來的目標對現在的影響，以及如何漸進地靠近目標。關於工作推動的速度，只要講清楚截止日期，他就會負起責任，想盡辦法做到。	
2. 他必須練習接受別人的指正，以及直言相諫的勇氣 　① 由於他很努力不傷害別人，所以有時會連一定要說的話也說不出口。確認他是否有必須說出的話，並且讓他練習具體的說出來。 　② 糾正他的時候，最好先表示信賴和認可再糾正。例如：「我很信賴你的能力，不過關於 A 這件事，我希望你能做出 B 的結果。」	
3. 反覆訓練 ISFJ 給予指示和下達命令的能力 如果想成為主管、想擔任領導者，就必須懂得下達命令和指示。光憑指責是無法使人成長的。訓練他學會指正的技巧，既能點出下屬不足、需要補強的部分，也能幫助下屬做到理想的成果。如果他在這方面的能力較弱，就要更常給予相關的建議。	

職場相處及成長策略	勾選欄
4. 因為他執行的速度較慢，所以要將時程稍微往前挪 如果將行程交由他自己管理，執行速度會過慢，所以不要根據截止日期來安排，而是要保留一些修改的時間，將時程排得稍微緊湊一些。大概要比 ISTJ 快個一到兩拍。	
5. 提醒他的工作模式是否需要更新或升級 他偏好統一使用已確立的方法做事。他不喜歡變化，所以必須刻意去推著他找出更好、更進階或其他的工作方式等，也可以將需要持續進步的工作指派給他。	
6. 認可他的辛勞與奉獻 將他對他人帶來的正向影響說出來能夠激勵他，例如：「你的辛勞、努力、體貼等，對 A 這個人帶來了○○○的幫助。」	
其它重視的特質：	

● ISTP：具備富有邏輯性的卓越觀察力

職場相處及成長策略	勾選欄
1. 瞭解他的成果和貢獻，首先給予認可，然後再幫忙樹立權威 他總是以身作則，在看不到的地方也努力工作，但往往刻意隱瞞自己的辛勞和努力。因此，如果有人能認可這點，他會覺得「原來有人關心我，原來我是重要的人」，並因此產生工作的動力。另外，讓他挑戰使用權威吧！雖然與人建立關係時，彼此平等很重要，但有時工作必須懂得下達指示及命令。	
2. 協助他管理進度，將工作順利完成 定期確認他工作的推動狀況。如果多多關心，他就不會漏掉事情，可以順利地收尾，而且他人的意見也能幫助他找出有發展性的方向。這時候，他不會覺得被人控制，而是會覺得受到關心而獲得成就感。	
3. 先跟他搭話，主動開啟對話 他需要花很多時間才能與人變得熟悉。ISTP 先搭話的狀況，往往是工作上的話題。不過如果由別人先搭話，他大多都能舒服地展開對話。先輕鬆地跟他搭話吧！沉默寡言不代表他討厭說話。	
4. 建議在工作以外，也要多花些時間與他建立私人關係，彼此互相瞭解 若非工作上的事情，很難和他變得親近。不過，一旦變熟，他的合作能力很強，並且積極與他人溝通。要與他建立可以舒服對話的關係，同時也鼓勵他主動建立親近的關係。	

職場相處及成長策略	勾選欄
5. 針對他的工作模式的升級給予回饋 他很重視效率，所以比起有耐心地深入挖掘，更傾向尋找簡單的方法。為幫助他持續改變且努力，可以詢問：「這個月跟上個月有什麼不同？」、「現在用的方法是最好的嗎？沒有更好的方法嗎？」、「如果多給你一週，你會做什麼？」等問題。	
6. 在會議和討論結束之前，務必詢問他的意見 若跟自己無關或者關係不夠親近，他就不太會說出自己的意見。然而，ISTP 的長處是卓越的觀察力和分析能力。說不定他已經透過許多觀察，整理出自己獨到的見解並準備好對策了。	
其它重視的特質：	

● ISFP：感性溫暖且謙虛的人

職場相處及成長策略	勾選欄
1. ISFP的感受很敏銳，所以比起負面的表達方式，多使用正面的言語吧！ ① 他是十六型人中最謙虛又最敏感的一種人。與他互動時，要讓他在情緒上獲得安定，並且經常給予稱讚和認定。 ② 在給予負面回饋時，需要注意情緒和表達方式，講完建議後也要稱讚他，主管跟公司都對他寄予期待。	
2. 對他人的信賴度很高，偏好照實接收資訊 訓練他從分析和批判的視角去檢視資訊和人。可以詢問：「為什麼這樣不行？」、「如果你是顧客或是競爭對手，會怎麼思考？」、「如果重新來過，這次你會怎麼做？」等問題。	
3. 多多提問，讓他表達自己的意見 ① 他是最善良的一群人，為了解決並滿足他人的需求，他會壓抑自己的需求。他樂於助人卻不習慣接受幫助，所以要經常告訴他：「工作上如果需要幫助，任何時候都可以開口。」如果是重要的工作，更要跟他強調分工合作的重要性。 ② 他可能需要練習拒絕他人的勇氣。	
4. 有時會顧著幫助別人而忽略自己，要提醒他工作的優先順序 和 INFP 一樣，ISFP 有時會為了解決別人突發的需求而忽略自己的事。提醒他思考真正的優先順序。狀況嚴重時，可能要透過時常詢問「今天一定要做的事情」，來幫助他想起來。	

職場相處及成長策略	勾選欄
5. 很關心人們的需求和當下的狀態 因此可以詢問他：「最近有誰需要幫助？」、「最近有誰遭遇困難？」等問題來獲取同事的資訊。	
其它重視的特質：	

● INFJ：對人的洞察力相當卓越

職場相處及成長策略	勾選欄
1. 很重視共同的利益 他在帶領團隊時，會先瞭解對他人和組織最好的方法。不過，比起同理他人，更多時候他都是以自我想法為中心。他看起來雖然很安靜，心中卻有堅定的信念，所以需要花更多力氣將自己的信念與組織的價值觀對齊。可以詢問：「公司的願景和你個人的願景哪些部分一致，哪些不一致？」、「你重視的是什麼？」、「該怎麼做才能在公司中實現你的願景？」等這些問題。	
2. 容易沉浸在理想中 當現實與自己的信念和價值觀不相符時，他傾向忽略現實。然而，在職場上，現實更為重要。透過詢問：「現在不進行的理由是？」、「這件事如果不做，你和團隊會得到什麼結果？」這些問題，引導他在回答問題的過程中，主動思考到現實層面。	
3. 給他邏輯表達的練習機會 ① 請他練習提出證據來證明自己的價值觀、重視的事以及構想有多重要。必須養成說結論的習慣，且學會以證據為基礎的溝通方式。例如，「你預想的結果是？」、「有類似的案例嗎？」 ② 建議他養成長期給予其他同事回饋的習慣（認可、鼓勵、支持、糾正）。	

職場相處及成長策略	勾選欄
4. 對人很有興趣 他不僅對幫助同事及維護他人福利的事情有強烈的欲望，還能憑藉卓越的共情能力，下意識地掌握他人的情緒、意圖和善惡。問問他對於人的看法吧，並引導他找出人們做判斷背後的根據，如此一來，他就會對人產生其他的想法，而從新的視角看待主管或同事。	
5. 當公司與自身願景一致時，動力會變強 當公司願景和使命跟 INFJ 重視的「對人的價值觀」一致時，他就會產生更強的動力。經常跟他進行一對一的對話，瞭解他人生中重視的價值觀，並且想辦法從他的價值觀中找出與組織、職務的連結。	
其它重視的特質：	

● INTJ：統合整體資料後提出願景的人

職場相處及成長策略	勾選欄
1. 明白「你是你，我是我」。在認可對方獨立性的同時，也對自己的獨立性有強烈的需求 ① 需要就團隊的願景和目標與他達成協議。另外，關於他個人要達成的具體目標，也一樣需要。若不這麼做，在他找到自己認同的事情之前，可能都不會採取行動。 ② 提醒他商業領域的基本概念，也就是自己的觀點、顧客的觀點和公司的觀點必須達成一致。這部分可能需要較長時間的溝通。	
2. 有可能很固執 ① 只要達成協議，就會比任何人都更有耐心去達成目標。因此先跟他協議好目標內容吧！ ② 他對自己很有自信，所以可能不會輕易改變自己的想法，有些固執。關於 INTJ 不足的部分，需要準備更多人的回饋，而不是單一人的想法，才能讓他明白自己的想法和他人的評價有落差。	
3. 行為和想法很創新，直覺很強，具備洞察能力 為了妥善利用他的構想，可以提問：「現實上可行嗎？」、「為了實現這個構想需要什麼東西？」、「如果實現了這個構想，能獲得什麼利益？（從公司、顧客和職員的觀點切入）」如果 INTJ 能夠回答，構想就有可能實現；如果他找不到答案，那個構想就是不現實的構想。持續提問，幫助他不只提出想法，也要對現實的結果保持關心。另外，如果他的構想不現實，就透過溝通讓他果敢地放棄吧！	

職場相處及成長策略	勾選欄
4. 雖然獨立性很重要，但團隊合作同樣重要，可以將溝通的任務交給他 詢問他：「最近在工作或生活上，有跟誰聊過嗎？」、「關於目前正在推動的工作或構想，有跟誰討論過嗎？」、「有參考過誰的意見嗎？」獨立性很重要，但為了團隊合作，他必須清楚自己為團隊和同事做了什麼，以及自身的貢獻和幫助。	
5. 表達自己的意見時，不用看別人的眼色 ① 替他製造可以說出自己意見的機會。 ② 建議他談話時只需清楚表明自己的觀點（想達成的目標、銷售額／取得利益的觀點、想在公司獲得的東西、解決顧客的需求等）。	
其它重視的特質：	

● INFP：想打造理想世界的人

職場相處及成長策略	勾選欄
1. 想法很多，往往懷抱著遠大的理想 ① 他喜歡找出或隱藏在字裡行間蘊含的意義。他的思考很活躍，如果可能性太多，會變得混亂，甚至與初衷完全相反。告訴他明確的目標吧！ ② 鼓勵他多多行動導向，並且減少思考導向的行為。簡單來說，就是要少煩惱，多提出一些現實且實際的構想，然後立刻去實踐。 ③ 針對他的構想進行現實的驗證，否則他顧著描繪理想的樣貌，可能會導致執行速度太慢或者直接放棄。	
2. 容易跟別人打成一片 在與 INFP 溝通之前，必須先破冰。無論討論、會議、電子郵件等任何形式，都需要先打招呼或者其他建立關係的對話，如果直接切入主題，會讓他覺得太直接。另外，他很看重別人是否有禮貌和親切，也會用同樣的態度對待他人。 ① 他很快就能與他人建立信賴關係、變得親近。如果想獲取關於人的資訊，可以多多善用 INFP 的特質。 ② 如果他能再多多學習對話的技巧，就能成為更優秀的溝通專家。 ③ 看起來有些木訥的他，其實只是不會積極表達情感。如果先跟他搭話，就會發現他非常善良。	

職場相處及成長策略	勾選欄

3. 樂於助人

① 他最滿足的時候就是幫別人解決問題，讓別人開心的時候。因為他是那種發現自己對他人有所貢獻的時候，會感受到幸福的人。如果對他說，他的確幫助到某些人或對某人的成功有所貢獻，他會更有動力。

② 他很瞭解人們的需求，可以詢問：「最近有誰遇到困難？」、「我們可以替員工做什麼事？」等問題，如果提供解決方案，他有時還能自己解決問題。

4. 建議 INFP 練習記住、遵守事情的優先順位

① 他雖然樂於助人，但有可能顧著幫別人解決問題而忽略自己的事。「今天一定要做的事情？我工作上的優先順序是？」建議他先按照優先順序完成自己的工作，然後再去幫助他人。為此，請他寫下一定得做的重要工作，然後貼在最顯眼的地方，或者可以請擅長管理行程的 EJ 型幫忙，管理 INFP 的重要行程。

② 他必須學會拒絕他人的需求和請求。將工作的優先順位寫在顯眼的地方吧！

③ 如果要提醒他需要補強的地方，最好用正向的表達方式。比起「你這邊做錯了」，不如說「如果你用○○○的方式做，結果會更好」這類的表達方式會更適合。

其它重視的特質：

● INTP：帶有批判性觀點的卓越策略家

職場相處及成長策略	勾選欄
1. **對自己有興趣的領域，會學習到媲美專家的程度** ① 與 INTP 相處時，可以先詢問他最近關心的領域，然後再針對那個議題跟他溝通。這麼一來，他就會説很多話，變得很熱情。因為他對製造機會讓自己談論喜愛事物的人，抱有極高的好感，所以先跟他聊有興趣的話題，之後再聊你想瞭解的部分就行。 ② 相反的，對於不關心的領域，他一點時間都不會投入。建議他為了與他人溝通、建立關係，多少還是要付出關心，至少要可以跟他人對話。基於同樣道理，他對於私人的人際關係和聚會也沒什麼興趣。不過，以團體為單位工作時，「合作」很重要。關心他最近有沒有和別人對話或吃飯，並且告訴他為什麼需要做這些事情。	
2. **喜歡討論** 他的性格裡有深入挖掘的執著，需要進行重要的溝通或瞭解他的意見時，可以請他參與會議。不過，必須在會議前事先告知主題，讓他能先花時間思考。INTP 很喜歡且擅長有邏輯性的思考，所以他的想法可能很有幫助。	
3. **重視新的構想** 因此他有時候會在執行面上顯得太慢，或是想出一些不可能執行的點子。先確認看看他有沒有具體的執行計畫和可以參考的前例，然後在執行時，跟他確認預計結果。	

職場相處及成長策略	勾選欄
4. 建議他養成認可並鼓勵同事的習慣 他會先看到「不足或不好」的部分，所以常被人誤會他愛批評別人。然而，認可他人的努力和辛勞在職場上是很重要的，可以建議他養成這種習慣。	
5. INTP 可能是具備最深刻知識的人 我們無法輕易估量 INTP 煩惱和知識的深度。遇到問題時，可以請他分析狀況，詢問他是否有對策。不過，也要提醒他盡量提出現實的觀點。	
其它重視的特質：	

● ESTJ：工作時注重形式、實用性和現實狀況

職場相處及成長策略	勾選欄
1. 很遵守基準和原則 ① 比起回應下屬們的各種狀況和情緒，他更注重該遵守的規矩和原則。他認為優秀的人就是「徹底遵守基準、原則和程序的人」。 ② 他需要努力去關注並傾聽他人的觀點。傾聽不只是豎耳恭聽，而是要瞭解對方的狀況、長處和弱點，然後努力掌握對方意見的脈絡。	
2. 責任感很強 ① 重視交付給自己和團隊的目標，並且為了達成目標而建立組織。他會分派任務，然後協助下屬推動工作。如果這種組織化的過程和團隊的行程有變動或是遭到阻礙，他就會感到壓力。並非因為很辛苦或是計畫很難改變，而是因為他不喜歡變化。為了方便他事先計畫，最好先告訴他改變之處。當截止日期和指示明確時，他就可以快速且俐落地完成工作。 ② 他討厭被別人催促結果。「你正在做〇〇〇嗎？」這類問題會讓他覺得不被信任。而且通常他已經在做了，還做得很好。 ③ 必須告訴他不僅關心工作，也要關心個人，責任感才會更強。提醒他工作上需要團隊合作，而為了團隊合作，員工之間除了公事之外也需要建立關係。	

職場相處及成長策略	勾選欄

3. 做決策的速度很快
① 當遇到他擅長的領域時，對於如何推動工作，他會過快地整理好自己的意見並去執行，相反的，對於自己不瞭解或者沒經驗的事情，他有時會沒辦法做出決策或是推遲決策。此時，可以提醒他將事情交給有能力且值得信任的人。
② 對於改變，他通常抱持負面的態度，因為那會妨礙他達成目標。然而，如果有值得參考的意見或是從其他視角切入的優良提案，只要對結果有所幫助，他也會欣然地採用。多多向 ESTJ 表達意見吧！

4. 建議他參考過去案例的同時，也持續更新工作模式
① 解決現在的問題時，可以請他收集過去的案例，能減少失敗率。
② 「最近為了工作學了什麼？怎麼運用在工作上？」、「哪些部分變得和之前不同？」、「這個月有什麼變化？哪些部分變好了？」藉由這些問題來提醒他自我提升吧！如果讓他自己煩惱，可能會做不出成果，也沒辦法挑戰新事物，所以必須提出一些有挑戰性的目標和提案，讓他能持續學習，並認同自己的成長。

其它重視的特質：

● ESFJ：想為他人帶來實質幫助的人

職場相處及成長策略	勾選欄
1. 喜歡和人對話、與人共事 ① 喜歡講話的他富有同情心且友愛同事。為了幫助他創造成果，可以在工作之餘，經常以私人話題或各種主題跟他閒聊。變熟之後，他工作起來會更有動力。 ② 他很關心人，認為團隊和諧很重要。可以額外派任務給他，關心哪些同事需要幫助。另外，也可以問問他周遭人的狀況：「誰現在覺得困難？誰需要幫助？」 ③ 容易讓他受傷的話如：「話太多了。」、「太吵了，你聲音太大了，小聲一點。」、「別人在說話時不要打岔。」、「不要太輕浮，認真聽我說。」提醒他雖然閒聊對建立關係很有幫助，但有時也需要表現出真摯誠懇的態度。	
2. 別人的衝突、不合和冷漠會造成他的壓力 ① 他必須練習對他人說「不」，並且明白拒絕主管和同事其實並不等於「起衝突」。 ② 他討厭與別人起衝突、產生矛盾，所以遇到問題時，比起揭發和解決，有時會更傾向於迴避或隱瞞。務必提醒他隱瞞或迴避問題，反而會造成更大的衝突和問題：「你覺得現在如果不解決問題，之後會發生什麼事？」、「有什麼可以解決的方法嗎？」、「如果要解決這件事，應該跟誰溝通？」 ③ 同事的支持和認可會帶給他動力，相反的，冷漠會讓他的動力變弱。所以就算沒什麼事，也務必表達對他的關心。	

職場相處及成長策略	勾選欄
3. 建議 ESFJ 身在組織，還是要以工作為主 他可能會顧著維持職場上愉快的氣氛，而疏忽自己的工作，進而造成壓力。提醒他針對重要工作，必須以「結果」為中心來思考。	
4. 稱讚會讓他非常開心 「託○○的福，因為你幫忙做了○○……」這樣的稱讚會讓他產生動力。為了讓他更投入在工作中，可以具體陳述他的行為帶來的影響，像是：「○○的行為對我們團隊帶來○○○的正向影響，謝謝。」	
其它重視的特質：	

● ESTP：偏好社交、運動、吃美食等多元活動

職場相處及成長策略	勾選欄
1. **重視現實，臨機應變能力很強** 發生突發狀況時，他是應對得最快的人。發生需要即時回應的事情時，先找他幫忙吧！	
2. **經常趕在期限前一口氣做完** 然而，如果他經常發揮臨機應變的能力，可能會出現不按進度，在最後一刻才一口氣做完的狀況。不僅結果有可能出錯，連其他部門做起事來也會變得很趕。有重要的工作時，要事先與他溝通，確認工作的進度。不要將所有的工作都交給他，而且交付重要工作時，要將事前計畫擬定得更具體一些，同時讓他定期回報進度。	
3. **做決策有時會有些武斷** 他很坦率，但有時話會講太多，他自己也多少有發現，因此請他練習傾聽他人的想法和言語！然後確認他聽了多少別人的意見，反映在工作上又有多少，否則，他可能會強迫他人照著自己的意見走。	
4. **鼓勵他尋找多元的解決方法** 他擅於找出大家都滿意的解決方案，然後達成協議並推行，而不是用一套統一的標準，規定 A 一定要這麼做、B 一定要這麼做。因此可以詢問他：「有沒有其他辦法可以解決 A 和 B 的問題？有沒有其他新的構想？」ESTP 尤其擅長解決現實的問題。試著讓他解決看得見的問題吧！	

職場相處及成長策略	勾選欄
5. ESTP 需要找到可以持之以恆、堅持做下去的方法 ① 他的弱點是太計較實際的利益而企圖簡單地解決問題。透過詢問：「為了創造比現在多三成的效益，應該做什麼？」、「怎麼做才會有更好的結果？」等問題，找到能讓他持續成長的方法。 ② 營造愉快工作的環境，他會在現實的愉悅中產生動力。	
其它重視的特質：	

● ESFP：喜愛帶動氣氛的好人

職場相處及成長策略	勾選欄
1. **有時候太重視社交，反而忘了處理眼前的問題或工作** 他很重視對待他人的好意和團隊合作。因此，比起任務和工作，他更追求趣味和快樂，自己也會不自覺地優先投資時間在趣味和快樂上，而任務和工作則是累積到最後才做。 ① 最好先提醒他優先順序的重要，尤其要訓練他時間管理的能力。「已經約好○○日要整理出關於○○的內容，有什麼需要我幫忙的地方嗎？」試著提出這類的問題吧！ ② 列出工作和生活的優先順序，能幫助他將公事和私事區分開來。 ③ 因為他非常討厭氣氛低迷的感覺，加上他的特質，可以試著請他規劃並執行能促進團隊合作的活動。	
2. **危機管理能力很卓越** 他很機靈、正向且能言善道，對於環境的變化隨時抱持開放的態度。因此，即使面臨突發的問題，也能輕鬆地應對。試著利用他神速的應對能力吧！	
3. **提醒 ESFP 在做決策時，要以有邏輯的想法和根據為基礎** 他常會以人為中心來做決策，因此有時會做出同情他人的決策。為了讓他培養客觀、邏輯、分析的能力，在他提出意見時，可以藉由「你這樣想的根據是什麼？」、「如果那麼做，會有哪些正面和負面結果？」等問題來幫助他進行邏輯思考。	

職場相處及成長策略	勾選欄
4. 活用 ESFP 在社交和務實方面的長處 ① 他對流行很敏銳，因此可以詢問他最近流行什麼、人們最近關心什麼。 ② 建議他不管做什麼事，都要首先想到「合作及溝通」。為他打造愉快的職場氛圍，在愉快的組織裡工作時，能將他的表演欲發揮到極致。 ③ 他喜歡親自體驗，會讓他學習得更快。詢問他正在用什麼方法學習吧！	
其它重視的特質：	

● ENFJ：擅於促進他人成長和合作的人

職場相處及成長策略	勾選欄
1. 敏銳應對他人的需求 ① 他為人親切，富有同情心且友愛同事，所以面對同事的成長和需求反應都很敏銳。可以將掌握顧客、企業和同事的意見，以及找出待解決問題的工作交給他。 ② 雖然這是他的長處，但有時候也會變成弱點，那就是他有時會盲目地信賴他人。尤其在成為主管之後，必須以客觀的根據為基礎來分派工作、給予信任。可以透過以下問題提醒他：「為什麼給予下屬那樣的評價？」、「如果以具體的數字來呈現他工作的成果，那會是多少？」	
2. 建議 ENFJ 提案時要有客觀的根據和對策 他必須提前思考工作的邏輯性結果，並且練習預測根據、原因和結果。可以問他：「為什麼會那麼想？」、「這個構想的根據是？」	
3. 當他的使命、願景和價值觀被忽略時，動力就會下降 透過詢問：「你覺得最重要的是什麼？」、「你現在在做的事情有價值嗎？」、「如果是，這件事對你來說有什麼意義？如果不是，我可以怎麼幫助你？」等問題，引導他去做自己認同的事情。	

職場相處及成長策略	勾選欄
4. 將工作與人連結起來，讓他如同關心人那樣關心工作和目標 「比起工作，更以人為中心」是 ENFJ 的價值觀。必須讓他明白，工作上的成長和任務的完成也等於人的成長，是在提升此人的價值。如果他相信工作目標不在於完成工作，而是在過程中的自我成長，那麼很重視人的成長的 ENFJ，也會產生動力。	
其它重視的特質：	

● ENTJ：懷抱著遠大願景，堅持做到底的人

職場相處及成長策略	勾選欄
1. 關心重要且長遠的事情 ① 為了達成更大的目標，他很關心重要的事情，以及從長遠的角度下遠大的願景。跟他確認現在做的是哪類工作，「現在做的事情會讓你產生悸動嗎？」、「你認為自己現在做的事情對公司來說有多重要？」、「你有想做的事情嗎？」ENTJ如果覺得那件事情不重要，就代表他目前沒有動力去做。 ② 相反的，他對與目標無關的小事毫不關心，因此同事可能會抱怨他只顧著自己做重要的事。不僅是他負責的工作，從組織的觀點來看，其他人負責的工作也很重要，必須讓他理解這一點。 ③ 當他認為自己在組織中扮演的角色很小時，可以從未來願景的角度切入來和他溝通。告訴他「現在做的這件工作雖然很小，但往後他會有的成長、會扮演的角色」，同時也要傳達現在工作的重要性。	
2. 提醒他達成目標的方法其實很多元 ① 他認為為了達成目標而犧牲是難免的，而且他解決問題的對策通常都過於直接，當工作卡關時，就會承受龐大的壓力。然而，有時候那是因為他決策做得太快，行動過於倉促才會如此。 ② 給予他建言，提醒他有其他方法比他選擇的方法更好，而且每個人都需要別人的幫助。「有沒有哪個案例是用這個方法解決問題的？」、「他們經歷了什麼樣的成功和失敗？」、「那個案例和我們的提案哪些部分相似？哪些部分不相似？」	

職場相處及成長策略	勾選欄
3. **建議他聽聽看各種不同說法** ① 為了看清楚現實問題，他得經常聆聽其他同事的意見。分派工作時，最好提醒他，成果中也要涵蓋他人的意見。「請將所有員工的意見反映在○○○中再提交。」、「請站在顧客的立場，設計出讓顧客滿意的商品。」 ② 為了關注自己和他人的長處，肯定自己和他人的關心、感受和情緒，必須常常跟彼此對話。	
其它重視的特質：	

● ENFP：熱情地建立新關係的人

職場相處及成長策略	勾選欄
1. 有陷入「過度思考」的傾向，建議ENFP停止思考，採取行動 　　尤其遇到關於人的問題時，他很容易想個不停而沒有結論。這麼一來，所有的問題都變得同等重要，無法確認優先順位。必須提醒他暫時停下一個又一個相繼浮現的想法，透過「在現在的環境中需要什麼？」、「現在馬上要解決的是什麼？」之類的問題，讓他專心解決當下的問題。	
2. 確認 ENFP 的優先順序和行程表 　　他如果在收尾之前被激起了好奇心，就會在完成工作之前跑去做別的事。尤其是跟人相關的工作或是有趣又讓人興奮的事，更容易引發他的好奇心。這時，他就會放下工作，忘記原先的目標。因此，有重要的工作時，不要直接分派給他，而是要在過程中持續追蹤他的進度。透過這些問題來幫助他找出工作的優先順序：「這個月／今天的優先順序是什麼？」、「你怎麼安排那個工作的進度？」、「什麼時候可以和你討論一下？」	
3. 可以一心多用 　　一次做兩件事情以上，這是他的長處，但過度一心多用也可能變成什麼事都只做一半。建議他有餘力時再同時做兩到三件事。不過，若是太過重要且龐大的工作，他可能在進度管理上會有困難，所以面對重要工作時，還是一次做一件就好。「你現在在做什麼工作？是怎麼處理的？」、「那個工作進度有跟上時程表嗎？」可能需要像這樣站在主管的立場，幫忙他決定工作的優先順序。	

職場相處及成長策略	勾選欄
4. 提醒 ENFP 遵守基準和原則 雖然很有創意是他的長處，但他有時會用自己喜歡的風格工作，而非遵守基準和原則。儘管我們必須尊重每個人的自主權，不過還是得告訴他有些必須遵守的基準和原則。舉例來說，可以詢問：「你判斷的根據是什麼？」、「如果不那麼做會發生什麼問題？」、「以前有類似的案例嗎？當時是怎麼做決策的？」等問題。	
5. 傾聽可以建立更深刻的關係 他的好奇心很旺盛，所以會想盡可能地幫助自己喜歡的人。只不過，建議他在對話時少講一些自己的事情，多聽聽對方說的話，對方就會更信賴他。試著少講一些自己的看法和故事吧！	
其它重視的特質：	

● ENTP：喜歡以豐富的想像力挑戰新事物

職場相處及成長策略	勾選欄
1. 總是在尋找新的方法、挑戰新的事物，善於主導改革創新 可以詢問他有沒有方法、對策、新的構想，或是將提出新構想的任務交給他，並協助他將構想變得更具體、更能實際推行。在提案時尋找實際的案例作輔助，能更有效讓其他類型的人理解並採用構想。	
2. 認可、稱讚、鼓勵、同意和感謝等情緒，能讓 ENTP 獲得動力 ① 對他來說，能力是最重要的。他不僅討厭看起來無能或愚蠢的人，甚至到了害怕的地步。所以，對於他做得好的部分必須給予認可、鼓勵以及正式的稱讚。也就是說，當他提出富含創意的點子後，如果因為不夠實際而被輕視或是被責備，他就會失去動力。面對他的提案時，也要懂得重視「看不見的可能性」。 ② 他有時候會輕視沒有能力的人，必須提醒他接受人類原本的天性並且提供成長的機會，也是一種領導能力的展現。	
3. 鼓勵他承認自己的錯誤，並且對於協助他人成長的部分給予稱讚 要讓他明白，犯錯並不等於沒有能力。犯錯是成長路上必經的過程，而且犯錯後的行動才是判斷此人能力高低的關鍵。另外，也要建議 ENTP 承認他人的錯誤，並且給予別人透過錯誤成長的機會。	

職場相處及成長策略	勾選欄
4. 建議他與人多多溝通 雖然他覺得自己已經做出完美的結論，但週遭的人有可能會反對。要確認他在做結論之前，是否取得夠多的意見。他必須以別人的意見和各式各樣的資料作為基礎根據，衡量自己得出的結論是否符合現實。這麼做不是在指責他，而是為了能創造出更好的結果。另外還有一點需要留意，他往往只會傾聽比自己更優秀的人說的話。	
5. 培養負責到底的態度 他可以比其他類型的人更輕易地開啟新穎、龐大又驚人的專案或工作。有句話說：「好的開始就是成功的一半」，不過他開始的雖然很快，一旦對其他東西產生了好奇心，可能會做到一半就消失不見。需要提醒他把工作好好收尾跟開始一樣重要。 另外，就算他沒辦法從頭到尾參與過程，也要想辦法讓他保持關心，持續給予幫助。最好能讓 ENTP 挪出一些時間和主要推動工作的人溝通，並且在需要時給予幫助，繼續保持關心的態度。	
其它重視的特質：	

掌握領導者的 MBTI

　　跟符合你天生優勢的 CEO 和組織工作，對你來說會很舒服。因為感覺舒服就代表了那是你偏好的特質，而你正在用那樣的方式工作。

　　相反的，與擁有你不偏好特質的 CEO 和組織的職場應該不太舒服。因為你必須聆聽跟你不同，甚至是跟你相反的意見，還要用你無法理解、覺得不舒服的方式工作。但這不代表你跟 CEO 的特質不同，就絕對無法共事，有越來越多員工表示，即使與 CEO 類型相異，只要感受到對方的尊重，仍然願意跟隨。團隊主管和高階主管也適用。

　　只不過，如果你身為領導者，就有必要問自己：「我想成為什麼樣的領導者？」面對這個問題，你必須要決定是「按照自己偏好的類型來思考並行動」，還是「按照跟自己不同的類型來思考並行動」。盲目地去適應你覺得不舒服的方式，並非正確答案。我認為這應該由你自己決定，而且這也是一堂領導者的必修課，亦即「領導能力」。

假如一名 ENTJ 領導者按照自己天生偏好的特質來發揮領導能力，會有什麼樣的優勢？他會有相當具體的願景和使命，認為堅持不懈地推動工作很重要，而且能帶領成員朝同一個目標前進。公司的所有資源可以集中在共同目標（Common Purpose）上，在達成目標這方面也可以獲得領導者的支援。因此，大家對這類型領導者的印象大多是「有明確的哲學觀、對於創造成果相當執著」。反過來說，當你的方向跟領導者的方向相反，或是有別的意見時，可能會很難說服他，而且公司若要改變目標進行策略轉向（Pivot），也會相當困難。

然而，並非只要是相同 MBTI 類型的人，都擁有同樣特質的領導能力。實際上，曾有一個 A 企業的 CEO 雖然是 ISTJ，卻沒有像他的類型特質那樣將工作分派出去，而是連最終資料都一一確認，也經常親自參與在其中。他與成員一起開會，確認要記錄在報告書中的內容，而且絕不會批准自己不瞭解的執行計畫。

相反的，B 企業的 CEO 一樣是 ISTJ，但他並不會去干涉已經協議好的內容。不過，當報告完成時，他會給予客觀且清楚的回饋。雖然 A 和 B 的行為都是 ISTJ 領導者經常會做的行為，但兩位領導者卻展現出截然不同的領導風格。也就是說，即使是同一個類型，還是會根據自己最常做的行為，被當作不同種類的領導者來看。

另外，ESTJ 類型的領導者中，有人會為了達成目標成果而迅速做出決策，然後每週（頻繁一點甚至是每天）要求成員回報工作成果；有人則將工作分派給會做事的組長，然後自己在後方給予支援。**重點不在於用類型來區分，而是掌握領導者經常做的行為，而那些行為又對組織和成員帶來了哪些影響。**

以前企業領導者的領導力特質都很類似，如今，領導者的形象相當多元，過去高度一致的樣貌有了很大的變化。比如以 A 企業的人才徵選趨勢為例，分析 41 名執行長的結果是他們偏好快速錄用年輕的人才。比對 1970 年以前出生的 20 名執行長和 1980 年之後出生的 21 名執行長跟接班人，會得出以下的數據——ESTJ 和 ISTJ 類型減少了，開始有許多 INTJ、ENTP、ESTP、ESFJ 等各種類型的執行長和主管。雖然母數很小不太能作為正式參考數據，但我推測這可能是因為現在的組織為了在變化多端的時代生存下來，所以企圖透過各種類型的領導者來找出更適合的企業文化和領導能力。

1970 年之前出生的 20 名 CEO 的 MBTI

ISTJ	ISFJ	INFJ	INTJ	ISTP	ISFP	INFP	INTP
25%	–	–	–	10%	–	–	–
ESTJ	ESFJ	ENFJ	ENTJ	ESTP	ESFP	ENFP	ENTP
45%	–	5%	15%	–	–	–	–

1980 年之後出生的 21 名 CEO 及接班人的 MBTI

ISTJ	ISFJ	INFJ	INTJ	ISTP	ISFP	INFP	INTP
14%	–	–	5%	5%	–	–	–
ESTJ	**ESFJ**	**ENFJ**	**ENTJ**	**ESTP**	**ESFP**	**ENFP**	**ENTP**
38%	5%	–	24%	5%	–	–	5%

分析 MBTI 的領導能力特質

在做以下的學習單之前，建議搭配著前面的〈用 MBTI 四分法來分析領導能力〉的章節閱讀，然後試著回想領導者的行為，或是將領導者的行為記錄下來，思考看看他們平常是如何運用自己的特質。最好能透過專家，一起使用 MBTI 的工具「Form Q 專門分析」來測量看看。

必須注意的是，以下用 MBTI 分析的領導能力並非正確答案，不是所有領導者都會像這樣行動。比起用 MBTI 來判定他人，我認為利用 MBTI 來思考與你一起共事的領導者特質，並將其當作職場上的輔助工具是更好的。

MBTI 四分法

ISTJ	ISFJ	INFJ	INTJ
IS		**IN**	
ISTP	ISFP	INFP	INTP
ESTP	ESFP	ENFP	ENTP
ES		**EN**	
ESTJ	ESFJ	ENFJ	ENTJ

● 主管的 MBTI 分析

分類	具體行為	可保留／需改變的行為
領導上的優勢		
領導上的弱勢		

藉由 MBTI
瞭解團隊的優缺點

　　如果更深入地運用 MBTI，還能找到團隊的長處和弱點。在這過程中，也可以嘗試定下團隊工作的方式和規則。假如知道團隊成員的 MBTI，我建議可以分析看看你們團隊 MBTI 的分佈比例和特質。

　　關注的重點有二，第一是「全體的組成比例」，第二是「主管以及有影響力的前輩的 MBTI」。因為即使比例相同，還是會根據影響力較大的成員而左右整個團隊的傾向。但關於這部分要有專家的指導才會更精準，所以以下只會分析主管的MBTI。

在團隊內活用 MBTI 的方法

　　我們組成團隊一起工作的時候，不會只有美好的回憶，更多的可能是不愉快的經驗和彼此不合的狀況。然而，也有可能我們總是把目光放在那些不愉快的記憶上，並得到了「我與這

● 團隊的 MBTI 分析

組員 ＿＿＿＿＿ 名，主管類型：＿＿＿＿＿

E	I	S	N
＿＿＿%	＿＿＿%	＿＿＿%	＿＿＿%

T	F	J	P
＿＿＿%	＿＿＿%	＿＿＿%	＿＿＿%

ISTJ	ISFJ	INFJ	INTJ	ISTP	ISFP	INFP	INTP
＿＿人 ＿＿%	＿＿人 ＿＿%	＿＿人 ＿＿%	＿＿人 ＿＿%	＿＿人 ＿＿%	＿＿人 ＿＿%	＿＿人 ＿＿%	＿＿人 ＿＿%

ESTJ	ESFJ	ENFJ	ENTJ	ESTP	ESFP	ENFP	ENTP
＿＿人 ＿＿%	＿＿人 ＿＿%	＿＿人 ＿＿%	＿＿人 ＿＿%	＿＿人 ＿＿%	＿＿人 ＿＿%	＿＿人 ＿＿%	＿＿人 ＿＿%

優勢
-
-
-
-

弱勢
-
-
-
-

個人／團隊／公司就是不合」的錯誤印象。

我之所以會舉辦 MBTI 工作坊，也是因為看見明明團隊裡都是能力出色、實力強大的職場人，卻缺乏互相理解的溝通，才萌生了想解決這個問題的念頭。假如要讓一群優秀的組員產出愚蠢的結果，最好的方法就是「獨自工作」。

在沒有心理安全感（psychological safety）[4] 的組織中，最先要做的就是「理解彼此的特質和差異」，因此我在一番苦思後開始準備 MBTI 工作坊。此時的關鍵並不在於「何時覺得開心？何時感到不愉快？」這類開放性的問題，而是要提出稍微具體一點的問句。

適合在工作坊討論的問題列表

1. 如果比預計的時間更晚提供資料，你會有什麼感受？
2. 你在會議中會如何採取行動？哪些行為讓你覺得不舒服？
3. 跟初次見面的人如何互動會讓你覺得舒服？
4. 初次負責一個專案時，你會先做什麼事？
5. 你在工作中什麼時候會覺得愉快？相反的，什麼時候覺得不愉快？

---

4 由哈佛商學院教授艾美‧艾德蒙森（Amy Edmondson）提出，指的是員工在職場中工作時，不會擔心表現真實自我會導致負面後果的想法，願意展現任何可能幫助團隊成功的冒險行為。

6. 你做決策的基準是什麼？不會列入考慮的基準又是什麼？
7. 你在同事面前報告或發表意見時，感覺如何？你會需要做什麼準備？
8. 在互相給予回饋時，讓你覺得最舒適的情境是什麼？
9. 你覺得這個團隊最大的長處是什麼？弱點是什麼？
10. 主管最大的長處是什麼？弱點是什麼？

撰寫團隊主管和同事的 MBTI 組成表時，最好能同時掌握團隊內具備的長處和弱點。舉辦團隊工作坊時，最好的回饋就是：「工作坊的氣氛很好，我可以比較自在且誠實地對同事們說出自己偏好的行為，以及讓我不舒服的非偏好行為。」

MBTI 讓我們認知到，之前失敗、覺得自己不足的部分其實是我們「天生具備的特質」之一，因此能比之前稍微更自在地曝露弱點、給予回饋，也就是獲得了心理安全感。

MBTI 雖然不是萬能的工具，但若妥善地運用，它也能成為打開話匣子的強力工具。因此，我建議在新組長或新組員加入組織時，藉由 MBTI 工作坊來提升團隊合作的能力。

用 MBTI
讓關係變得更好

　　我認為 MBTI 並非用來定義人的工具，它是能幫助你決定如何思考並行動，並將工作、生活和關係引導到更好的方向以實現目標的工具。

　　也就是說，是更主動的生活，而不是被拖著走。所謂的「主動」指的並不是「不顧及別人、隨心所欲地生活」，而是不論我決定配合他人或要他人配合我，那都是「我自己」做出的決定。

　　那麼，為了掌握自己人生的主導權，你最需要做的兩件事情就是「理解自己和他人」，以及「設定生活和工作的目標」。在這當中，MBTI 就是一個能幫助你理解自己與他人的工具。

　　因此，當你將 MBTI 當作找到「更好」答案的工具，而不是找到「正確」答案的工具時，它才會成為最有價值的工具。現實中，有許多妨礙我們溝通的要素：

1. 以忙碌作為藉口，狡辯說那本來就是自己的性格而放棄溝通的機會。
2. 在對話時只使用實感型／直覺型（S／N）或思考型／情感型（T／F）等自己覺得舒服的類型語言，只重視自己的想法和觀點。
3. 當矛盾和誤會累積，彼此關係變糟的時候。
4. 不承認彼此性格不同的時候。
5. 前面四種狀況皆有因而對彼此產生偏見的時候。

MBTI 或許就具備減少這五個妨礙溝通要素的效果：

1. 以 MBTI 為主題，可以短暫提供舒適對話的機會。
2. 幫助思考型和情感型分享並理解彼此重視的觀點。
3. 藉由溝通理解彼此在行為和工作方式的可能差異。
4. 認同性格上的差異來自於天生特質和環境的影響。
5. 減少彼此對對方的偏見。

　　如果一個組織的主管、上下和同事之間不再溝通，那個組織會變成什麼樣子？我再怎麼想也只想得到「完蛋的組織」、「僅止於個人成長的組織」、「讓人不想上班的組織」。另外，在現今這個時代，並非由一個超人帶領整個組織，而是要彼此分享知識與經驗、一起學習，藉此讓整個組織成長進而獲取成功才行。往後的社會也會逐漸朝這個方向發展，因此我們必須學會的就是「關心並理解他人」。

不管你是 CEO、主管還是職員，在往後的時代，理解他人者才會擁有更龐大的影響力。

MBTI 指出的特質是絕對正確的嗎？

　　人們最常對 MBTI 提出的問題就是：「MBTI 按照分類指出的特質真的都是對的嗎？」舉例來説，大家都很好奇是否做符合 MBTI 類型的職業才能成功，而做凸顯自己弱點的工作就會失敗。難道一定得按照天生的性格行動嗎？用相反的方式就無法成功嗎？

　　以下舉運動選手的例子來説明。據説左撇子占全世界的 10%。不過，在棒球選手當中，左投手占了30%，而且不論在哪個隊伍，遇到實力相當的選手時，都會更偏好選擇左投手。還有人説，如果有一個球速150 公里的左投手，就算他身在地獄，也要想辦法讓他入隊。理由很簡單，因為在棒球界，左投手比右投手還吃香。當打者遇到不常接觸的左投手時，通常很難掌握打擊的時機，因為左投手投球的旋轉方向等，和平常常接觸到的右投手是相反的。既然如此，你可能會想，如果想在棒球這個職業和投手的職務上有出色的表現，是不是只要用左手練習，將自己訓練成左投手就可以了？

韓國的柳賢振選手就是這麼做的。名列世界最強投手之一的柳賢振，是一名左投手。不過，他站上打擊區時，卻是站右打的位置。這個理由也很簡單。柳賢振選手本來是右撇子，但從小受到父親影響，才在訓練時一直用左手投球，理由就是在棒球界左投手比較有優勢。

　　「如果要發揮自己的長處，就必須按照 MBTI 的類型思考並行動。」假如我們抱持著這樣的想法，那麼柳賢振選手從小就應該順應天生的特質，用右手接受訓練並投球。然而，他卻反其道而行，訓練自己的左手，最終取得了成功。我認為這個案例告訴我們，可以藉由強化自己原本沒有的能力來獲取成功。這樣的例子還有很多，LG 雙子隊的游擊手兼主將吳智煥選手也是右撇子，他守備時雖然用右手丟球，在打擊區卻站左邊。理由是左打者比較靠近一壘，所以上壘率比較高；世界知名網球選手拉斐爾‧納達爾（Rafael Nadal Parera）雖然也是右撇子，但他卻用左手握球拍。因為網球也和棒球一樣，左撇子選手比較有利。

　　在 MBTI 中，就像右撇子和左撇子那樣，你的類型是天生的特質。舉例來說，如果將天生的右撇子代入 ISTJ 類型來分析，那麼使用內向（I）、實感（S）、思考（T）、判斷（J）等特質時，就像是使用右手；使用外向（E）、直覺（N）、情感（F）、感知（P）等特質時，

就是在使用左手。ISTJ 的行為和想法可能會感覺很熟悉、舒服且擅長，而 ENFP 的行為和想法則可能會不太舒服又很困難。

然而，ISTJ 並不一定都會按照 ISTJ 的模式行動並思考。如果訓練自己做出相反的 ENFP 行為和思考，也可能像柳賢振或納達爾那樣獲得成功。只不過我們還是必須承認，往反方向發展而取得最高成就的人並沒有那麼多。只要試想右撇子用右手訓練一個小時，和用同樣的強度訓練左手一小時，哪隻手鍛鍊的程度會更高，你就能理解我的意思了。

工作上也是一樣。在職場上獲得成功的方法，就是尋找各種能把事情做好的方程式，然後思考該如何將自己的長處套用到方程式裡。不過這也意味著你的弱點、你覺得不舒服的部分，只要經過學習和訓練，也有強化的可能性。把工作做好的方法不只有一種，如果我們能明白這一點，就可以找到讓自己更多元成長的方法。

進階的 MBTI 用法

外向型來到陌生人很多的地方時，知道要怎麼介紹自己，而且很快就能適應。他們會先邀請人一起喝咖啡或共進午餐，也會積極詢問不瞭解的部分。然而，有些人會覺得這種積極的行為太過隨便且不舒服；相反的，內向型的人常獨自專注地盯著電腦看，比較排斥主動接近他人。雖然有人先靠過來搭話時，可以很自然地對話，但若要他們主動邀請陌生人聊天，大多都會覺得不太舒服。因此，他們常被人誤會「很害羞」、「很高冷」、「沒辦法適應組織」等。

因此，不論外向型或內向型，有沒有什麼辦法可以幫助新成員適應組織？我會推薦大家的就是一起參加 MBTI 工作坊。推薦的理由有三個：第一、如果瞭解新成員的傾向，舊成員就會知道彼此該怎麼配合。第二、為了讓新成員儘快適應，需要一個彼此能舒服對話的時間。第三、讓新組員知道主管的傾向（優勢和弱勢），也讓主管也瞭解組員的傾向，就能找到對彼此都有幫助的工作方法。

有三個團隊實際跟我一起進行了七次的 MBTI 工作坊。其中一個團隊是因為來了新組長，彼此需要互相磨合，而另外兩個團隊則是每次更換兩到三名組員的時候，都會再進行一次工作坊。這麼做的目的只有一個，就是「理解彼此」。

在工作坊中，我們主要的討論內容是「自己天生的類型」、「自己覺得舒服的行為和工作方式」以及「自己覺得不舒服的行為和工作方式」。透過MBTI，大家認知到自己覺得不足的部分是「天生具備的特質」之一，而新成員和舊成員也可以在比較舒服的狀態下，展露真實的自己並給予回饋。MBTI 雖然不是萬能的工具，但若妥善地運用，也可能成為開啟溝通契機的強力工具。

新組長上任的時候，MBTI 工作坊可以幫助新任組長快速地熟悉組員，並且定下此後工作的方式，也可以幫助組員迅速掌握組長的領導風格，進而找到團隊合作工作的方式。我舉辦MBTI 工作坊時，都是根據以下的流程：

1. 測驗新成員的 MBTI 並分析結果，進行基本的工作坊課程。這時候給新成員一些時間，讓他們熟悉彼此，主要目的是理解 MBTI 和自己的特質。

2. 邀請舊成員一起參與工作坊。給予大家時間分享自己的特質，另外，也安排時間讓新成員向大家介紹自己。在這段時間，最好能分享自己與工作的狀態——

更能投入工作的情境和很難投入工作的情境；自己經常聽同事說的話和想從同事口中聽到的話；能表達自己的詞彙；希望同事認識自己的面向等。

3. 進入主管自我介紹的流程。請主管分享重視的價值觀、工作方式、組織文化、在組織中的禁止行為等。然後將舊成員每三到四人分成一組，開始討論主管的相關資訊，像是「經常說的話、重視的行為、討厭的行為」等內容，這樣能幫助新成員快速適應，對主管來說，則是像一場小型的回饋意見會。

以下推薦七個適合在 MBTI 工作坊中使用的問題：

1. 什麼時候會覺得工作愉快？
2. 什麼時候有動力？什麼時候沒有動力？
3. 什麼環境能幫助你投入工作？
4. 最讓你不舒服的行為或狀況是？
5. 有什麼話是你一定要跟同事說的？
6. 如果用一句話來表達自己，你會怎麼說？
7. 十年後的夢想是什麼？

除此之外，原本的成員和新加入的成員如果一起聊聊彼此好奇的部分，也能快速幫助雙方適應並互相理解。可以試著把上述問題換成同事好奇的共同問題。

實際上，新成員往往在參加 MBTI 工作坊之後，表示：「對適應環境很有幫助。」、「在工作之餘像這樣介紹自己，讓我找到工作時 1＋1＞2 的方法。」同時也有許多人推薦 MBTI 工作坊，認為這在幫助他們適應公司方面，起到了很大的作用，並且給予了許多正向回饋：「參加 MBTI 工作坊的過程中，尷尬的時間很快就會過去。」、「同事分享了關於組長的資訊，讓我很順利地適應團隊，而且也可以快速地找到互相配合的方式。」、「組長的 MBTI 類型和我相反，如果在不知情的狀況下工作，說不定我會被盯上。」

　　另外，如果無法舉辦 MBTI 工作坊，我也很推薦找一段時間讓外向型的人快速向組員介紹自己，而針對內向型的人，比起在全體面前自我介紹，我更推薦用一對一的形式，先邀請舊成員一起喝咖啡聊天。然而，這也不是絕對的，偶爾會有內向型的人表示：「我覺得不舒服的狀況經歷一次就好。比起一對一見面，我更想在全體面前自我介紹。」就像這樣，並非所有人的反應都是一樣的，根據不同的狀況，同一個人也會做出不同的行為，請務必記住這一點。

　　再次重申，MBTI 並非萬能的，它也不是正確答案；它只是使用人數最多，而且能有效幫助人們深入且客觀的瞭解彼此的工具罷了。要怎麼使用這個工具，完全取決於你自己。舉例來說，就算是在同一個學校、同一間醫院學習並工作的醫生，根據每個人的性格、努力和實力，有人成為了出色的醫生，

也有人成為不被人信賴的醫生。我也是一樣，雖然我的確是ISTJ，但在演講和指導的時候，比起內向型的性格，我會更優先展現出外向型的模樣，而和家人相處的時候，比起思考型，我會採用更多情感型的語言和行動，這是讓我能更順利完成工作的方法，也是與我相處的人期待我展現出來的模樣。

是要單純按照自己天生的模樣生活，還是雖然不舒服又尷尬，依然要努力做出非偏好的行為和想法，這一切都只能由你自己來決定。重要的是，你的選擇會決定你的想法、價值觀和行為，並且影響到事情的結果，以及你的同事和家人。我希望讀者也能透過閱讀本書的機會，思考你行為的基準對職場和周遭人造成了什麼影響。這都是為了成為更成熟的自己。

願你能成長成自己想要的樣子。

參考資料

- 唐娜・鄧寧（Donna Dunning）：《性格類型與溝通》（*Introduction to Type and Communication*，直譯），Consulting Psychologists Press，2003

- 戈登・勞倫斯（Gordon D. Lawrence）：《性格類型與學習型態》（*Looking at Type and Learning Styles*，直譯），Center for Applications of Psychological Type，1997

- 伊莎貝爾・布里格斯・邁爾斯（Isabel Briggs Myers）等人：《MBTI Form M 指南》（*MBTI Manual: A guide to the development and use of the Myers Briggs type indicator*，直譯），Consulting Psychologists Press，1998

- 凱瑟琳・邁爾斯（Katharine D. Myers）、琳達・柯比（Linda K. Kirby）：《心理類型的動態及發展》（*Introduction to type Dynamics and development: exploring the next level of type*，直譯），Consulting Psychologists Press，1994

- 娜歐蜜・昆克（Naomi L. Quenk）等人：《MBTI® Form Q 指南》（*MBTI Step II Manual: Exploring the Next Level of Type*，直譯），Opp（2004）。

- 高永在：《你所知的 MBTI 不是真正的 MBTI》（*當信이 알던 MBTI 는 진짜 MBTI가 아니다*，直譯），인스피레이션，2022

- 金正澤、沈惠淑：《十六種性格類型的特質》（*16가지 성격유형의 특성*，直譯），ASSESTA，2007

- 金正澤、沈惠淑：《MBTI® 問答集》（*MBTI® 질문과 응답*，直譯），ASSESTA，2013

self-help 15

掌握人心的 MBTI 職場溝通術
讓你開口說對話、提案一次過、贏得好人緣的 16 型人職場指南
일하는 사람을 위한 MBTI

作　　　　者	白種和
譯　　　　者	張雅眉
封 面 設 計	張天薪
內 文 排 版	顏麟驊
責 任 編 輯	洪尚鈴
行 銷 企 劃	蔡雨庭・黃安汝
出版一部總編輯	紀欣怡

出　　版　　者	境好出版事業有限公司
發　　　　行	采實文化事業股份有限公司
業 務 發 行	張世明・林踏欣・林坤蓉・王貞玉
國 際 版 權	施維真・劉靜茹
印 務 採 購	曾玉霞
會 計 行 政	李韶婉・許俶瑀・張婕莛
法 律 顧 問	第一國際法律事務所　余淑杏律師
電 子 信 箱	acme@acmebook.com.tw
采 實 官 網	www.acmebook.com.tw
采 實 臉 書	www.facebook.com/acmebook01

I S B N	978-626-7357-08-8
定　　　　價	380元
初 版 一 刷	2024 年 2 月
劃 撥 帳 號	50148859
劃 撥 戶 名	采實文化事業股份有限公司
	104台北市中山區南京東路二段95號9樓
	電話：(02)2511-9798　傳真：(02)2571-3298

國家圖書館出版品預行編目資料

掌握人心的 MBTI 職場溝通術：讓你開口說對話、提案一次過、贏得好人緣的 16 型
人職場指南／白種和作；張雅眉譯. -- 初版. -- 臺北市：境好出版事業有限公司出版：
采實文化事業股份有限公司發行，2024.01
　　面；　公分 . --（self-help; 15）
譯自：일하는 사람을 위한 MBTI
ISBN 978-626-7357-08-8（平裝）

1.CST: 職業輔導　2.CST: 職業性向　3.CST: 生涯規劃

542.7　　　　　　　　　　　　　　　　　　　　　　　　　112021979

 境好出版 JingHao Publishing 采實出版集團 ACME PUBLISHING GROUP

MBTI

MBTI